趙爾巽等撰

清史稿

第一册

目録

中華書局

圖書在版編目(CIP)數據

清史稿/趙爾巽等撰. —北京:中華書局,1977. 8
(2025. 3 重印)
ISBN 978-7-101-00750-3

Ⅰ. 清… Ⅱ. 趙… Ⅲ. 中國-古代史-清代-紀傳體
Ⅳ. K249. 042

中國版本圖書館 CIP 數據核字(2002)第 087487 號

責任印製:管 斌

清 史 稿
(全四十八册)
趙爾巽 等撰
*
中 華 書 局 出 版 發 行
(北京市豐臺區太平橋西里 38 號 100073)
http://www. zhbc. com. cn
E-mail:zhbc@ zhbc. com. cn
北京新華印刷有限公司印刷
*
850×1168 毫米 1/32 · 477½印張 · 8441 千字
1977 年 8 月第 1 版 2025 年 3 月第 18 次印刷
印數:73701-74500 册 定價:1680. 00 元

ISBN 978-7-101-00750-3

出版説明

清史稿是民國初年設立的清史館編寫的記述清代歷史的未定稿。它按照歷代封建「正史」的體例，也分爲紀、志、表、傳四部分，共五百三十六卷。

清史館由趙爾巽任館長，先後參加編寫的有柯劭忞等一百多人。一九一四年工作開始，至一九二七年大致完稿，歷時十四年。本書雖編成於辛亥革命以後，而編者却基本上還是站在清王朝的立場來寫清史的。由於成於衆手，彼此照應不够，完稿後又未經仔細核改，刊行時校對也不認真，是以體例不一，繁簡失當，以至年月、事實、人名、地名的錯誤往往可見。對於編纂上的這些問題，編者也是有所了解的，因此發刊綴言中指出，此書僅僅是作爲史稿公之於世，「乃大略椎輪之先導，並非視爲成書也」。

儘管此書存在錯誤和缺點，它根據的大部分材料如清實録、清代的國史列傳、清會典和一些檔案等，今天也可以見到，但編者把大量的資料匯集起來，初步作了整理，這就使讀者能够得到比較詳細系統的有關清代史事的素材。而且有些志和清末人物的列傳，並非取材於常見的史料，當另有所本。因此，這部書仍有它的參考價值。

此書的刊印，是由袁金鎧主持，金梁經辦，於一九二八年出書，共印一千一百部。其中四百部由金梁運往東北發行，這批書我們稱爲「關外一次本」。後來清史館的人發現金梁對原稿私自做了改動，他們不同意金梁的增删，於是把北京的存書又做了一些抽換，這批書通稱「關内本」。以後東北又印過一次，内容也有所改動，我們稱爲「關外二次本」。這三種版本的異同，主要表現在：

一、全篇的增删。關内本删去關外一次本原有的張勳傳、張彪附傳，康有爲傳，以及金梁所寫的校刻記。關外二次本只删去關外一次本的張彪附傳，抽掉公主表序和時憲志中的八線對數表，增加了陳黌舉、朱筠、翁方綱三傳。

二、同一篇中内容改動。關内本抽換了關外一次本的藝文志序，删去志中易類書目六十四種，修改了勞乃宣、沈曾植的傳論，改訂了清史館職名。關外二次本壓縮了趙爾豐傳。

我們所做的工作，以標點、分段爲重點。所用的工作本是關外二次本，凡三本篇目、内容不同的地方，都有附注，録出異文，以資參考。由於八線對數表只是普通數學工具書，所以不再附録。

關於史實錯誤及同音異譯的人名、地名、官名、部落名稱等，一般不改動，只在本篇内略作統一。清朝避諱字，盡量改回。對少數民族名稱，凡帶有侮辱性的字樣，除舊史中習見的泛稱以外，均已加以改正。史文的脱、誤、衍、倒和異體、古體字等，也作了校改。還有由於行、段的錯排，以致事理不合處，已發現的也經過查對校正。但原文文理不通，或人名、地名等脱誤查不到出處的地方，都維持原狀。總目原分五卷，現予合併，不再分卷，並在原來基礎上略作增補，以便檢閲。

本書的點校由啓功、王鍾翰、孫毓棠、羅爾綱、劉大年、吴樹平同志擔任。吴樹平、何英芳同志對點校稿作了編輯整理工作。本書的初版印出以後，香港學者汪宗衍先生曾對標點方面提出了一些很好的意見，重印時參考他的意見作了若干修改，謹在此致謝。限於水平，我們的點校可能還存在着不少錯誤和缺點，希望讀者隨時指正，以備再版時修改。

中華書局編輯部

清史稿目錄

本紀二十五卷
志一百三十五卷
表五十三卷
列傳三百十六卷
凡五百二十九卷

〔一册〕

卷一　本紀一〔二册〕
太祖(努爾哈齊)……一
卷二　本紀二
太宗一(皇太極)……一九
卷三　本紀三
太宗二……五五
卷四　本紀四
世祖一(福臨)……八三
卷五　本紀五
世祖二……一三一
卷六　本紀六
聖祖一(玄燁)……一六五
卷七　本紀七
聖祖二……二〇九
卷八　本紀八
聖祖三……二五九
卷九　本紀九〔三册〕
世宗(胤禛)……三〇七
卷十　本紀十

高宗一（弘曆）……三四三
卷十一　本紀十一
高宗二……三八七
卷十二　本紀十二
高宗三……四三三
卷十三　本紀十三
高宗四……四七三
卷十四　本紀十四
高宗五……五〇三
卷十五　本紀十五
高宗六……五三五
卷十六　本紀十六
仁宗（顒琰）……五六七
卷十七　本紀十七　〔四册〕
宣宗一（旻寧）……六一七
卷十八　本紀十八
宣宗二……六五一
卷十九　本紀十九
宣宗三……六八一
卷二十　本紀二十
文宗（奕詝）……七一一
卷二十一　本紀二十一
穆宗一（載淳）……七六九
卷二十二　本紀二十二
穆宗二……八一九
卷二十三　本紀二十三
德宗一（載湉）……八五一
卷二十四　本紀二十四
德宗二……九一一
卷二十五　本紀二十五

宣統(溥儀)……九六七

〔五册〕

卷二十六　志一
天文一……一〇〇七
天象……一〇〇八
地體……一〇一〇
里差……一〇一二
卷二十七　志二
天文二
儀象……一〇二五
卷二十八　志三
天文三
日月五星……一〇四五
恆星……一〇四六
黃赤道十二次值宿……一〇四九
昏旦中星……一〇五三

卷二十九　志四
天文四
康熙壬子年恆星黃道經緯度
表一……一〇五七
卷三十　志五
天文五
康熙壬子年恆星黃道經緯度
表二……一〇九九
卷三十一　志六
天文六
乾隆甲子年恆星黃道經緯度
表一……一一五五
卷三十二　志七
天文七
乾隆甲子年恆星黃道經緯度

表二……一三〇七
卷三十三　志八
天文八
乾隆甲子年恆星黃道經緯度
表三……一三五三
卷三十四　志九
天文九
乾隆甲子年恆星黃道經緯度
表四……一三九三
卷三十五　志十　〔六册〕
天文十
天漢黃道經緯度表……一三三五
卷三十六　志十一
天文十一
五星合聚……一三七九
卷三十七　志十二
天文十二
日食……一四一五
月五星淩犯掩距……一四一七
太白晝見……一四二七
日變月變……一四三一
卷三十八　志十三
天文十三
虹蜺暈珥……一四三三
卷三十九　志十四
天文十四
客星……一四六七
流隕……一四七〇
雲氣……一四八二
卷四十　志十五

災異一……一四八七
卷四十一　志十六
災異二……一五五九
卷四十二　志十七
災異三……一五七三
卷四十三　志十八
災異四……一五九五
卷四十四　志十九
災異五……一六一三
〔七册〕
卷四十五　志二十
時憲一……一六五七
推步因革……一六五八
卷四十六　志二十一
時憲二
推步算術……一六七五
卷四十七　志二十二
時憲三
康熙甲子元法上……一六九五
卷四十八　志二十三
時憲四
康熙甲子元法中……一七二一
卷四十九　志二十四
時憲五
康熙甲子元法下……一七四五
卷五十　志二十五
時憲六
雍正癸卯元法上……一七六九
卷五十一　志二十六
時憲七
雍正癸卯元法下……一七九三

卷五十二　志二十七
時憲八
凌犯視差新法上……一八一七
卷五十三　志二十八
時憲九
凌犯視差新法下……一八五七
卷五十四　志二十九　〔八册〕
地理一……一八九一
直隸……一八九二
順天府……一八九四
保定府……一八九九
正定府……一九〇一
大名府……一九〇三
順德府……一九〇四
廣平府……一九〇五

天津府……一九〇六
河間府……一九〇八
承德府……一九〇九
朝陽府……一九一〇
赤峰直隸州……一九一一
宣化府……一九一二
口北三廳……一九一五
張家口廳……一九一六
獨石口廳……一九一六
多倫諾爾廳……一九一七
永平府……一九一七
遵化直隸州……一九一九
易州直隸州……一九二〇
冀州直隸州……一九二〇
趙州直隸州……一九二一

深州直隸州……一九二三
定州直隸州……一九二三

卷五十五　志三十

地理二

奉天……一九二五
奉天府……一九二六
法庫直隸廳……一九三〇
錦州府……一九三〇
新民府……一九三三
營口直隸廳……一九三三
興京府……一九三四
鳳凰直隸廳……一九三五
莊河直隸廳……一九三七
長白府……一九三七
海龍府……一九三八

輝南直隸廳……一九四〇
昌圖府……一九四〇
洮南府……一九四二

卷五十六　志三十一

地理三

吉林……一九四五
吉林府……一九四七
長春府……一九四八
新城府……一九五一
雙城府……一九五二
賓州府……一九五二
五常府……一九五三
榆樹直隸廳……一九五三
延吉府……一九五四
寧安府……一九五五

卷五十七　志三十二

地理四

卷五十八　志三十三

地理五

松江府……………………一九九四
太倉直隸州………………一九九六
常州府……………………一九九八
鎭江府……………………一九九九
卷五十九　志三十四
地理六
安徽……………………二〇〇一
安慶府……………………二〇〇三
廬州府……………………二〇〇四
鳳陽府……………………二〇〇五
潁州府……………………二〇〇七
徽州府……………………二〇〇九
寧國府……………………二〇一一
池州府……………………二〇一三
太平府……………………二〇一四
廣德直隸州………………二〇一五
滁州直隸州………………二〇一五
和州直隸州………………二〇一六
六安直隸州………………二〇一六
泗州直隸州………………二〇一七
卷六十　志三十五
地理七
山西……………………二〇二一
太原府……………………二〇二三
汾州府……………………二〇二四
潞安府……………………二〇二五
澤州府……………………二〇二六
遼州直隸州………………二〇二七
沁州直隸州………………二〇二八
平定直隸州………………二〇二八

平陽府……二〇二九
蒲州府……二〇三一
解州直隸州……二〇三二
絳州直隸州……二〇三三
隰州直隸州……二〇三四
霍州直隸州……二〇三四
大同府……二〇三五
朔平府……二〇三七
寧武府……二〇三八
忻州直隸州……二〇三八
代州直隸州……二〇三九
保德直隸州……二〇四〇
歸化城直隸廳……二〇四〇
薩拉齊直隸廳……二〇四一
清水河直隸廳……二〇四一

豐鎭直隸廳……二〇四二
托克托直隸廳……二〇四二
寧遠直隸廳……二〇四三
和林格爾直隸廳……二〇四三
興和直隸廳……二〇四三
陶林直隸廳……二〇四四
武川直隸廳……二〇四四
五原直隸廳……二〇四四
東勝直隸廳……二〇四四
卷六十一　志三十六
地理八
山東……二〇四五
濟南府……二〇四六
東昌府……二〇四八
泰安府……二〇四九

武定府……二〇五一
臨清直隸州……二〇五二
兗州府……二〇五三
沂州府……二〇五四
曹州府……二〇五六
濟寧直隸州……二〇五八
登州府……二〇五九
萊州府……二〇六一
青州府……二〇六二
膠州直隸州……二〇六五

卷六十二　志三十七

地理九

河南……二〇六七
開封府……二〇六八
歸德府……二〇七〇
陳州府……二〇七一
許州直隸州……二〇七三
鄭州直隸州……二〇七四
河南府……二〇七五
陝州直隸州……二〇七七
汝州直隸州……二〇七八
彰德府……二〇七九
衞輝府……二〇八一
懷慶府……二〇八二
南陽府……二〇八四
汝寧府……二〇八六
光州直隸州……二〇八八
淅川直隸廳……二〇九〇

卷六十三　志三十八

地理十

陝西……二〇九一
西安府……二〇九二
同州府……二〇九五
鳳翔府……二〇九七
漢中府……二〇九八
興安府……二一〇〇
延安府……二一〇二
榆林府……二一〇三
乾州直隸州……二一〇五
商州直隸州……二一〇五
邠州直隸州……二一〇六
鄜州直隸州……二一〇七
綏德州直隸州……二一〇八
卷六十四　志三十九
地理十一
甘肅……二一〇九
蘭州府……二一一〇
平涼府……二一一二
鞏昌府……二一一三
慶陽府……二一一四
寧夏府……二一一五
西寧府……二一一七
涼州府……二一一九
甘州府……二一二〇
涇州直隸州……二一二一
固原直隸州……二一二二
階州直隸州……二一二三
秦州直隸州……二一二三
肅州直隸州……二一二四
安西直隸州……二一二五

卷六十五　志四十

地理十二

卷六十六　志四十一

地理十三

贛州府……二二六五
寧都直隸州……二二六七
南安府……二二六七
卷六十七　志四十二
地理十四
湖北……二二六九
武昌府……二二七〇
漢陽府……二二七二
黃州府……二二七三
安陸府……二二七四
德安府……二二七六
荆州府……二二七七
襄陽府……二二七八
鄖陽府……二二七九
宜昌府……二二八〇
施南府……二二八二
荆門直隸州……二二八三
鶴峯直隸廳……二二八四
卷六十八　志四十三　〔九册〕
地理十五
湖南……二二八五
長沙府……二二八六
寶慶府……二二八九
岳州府……二二九〇
常德府……二二九一
澧州直隸州……二二九三
南州直隸廳……二二九四
衡州府……二二九五
永州府……二二九六
桂陽直隸州……二二九八

郴州直隸州……二二九九
辰州府……二三〇〇
沅州府……二三〇一
永順府……二三〇二
靖州直隸州……二三〇三
乾州直隸廳……二三〇四
鳳凰直隸廳……二三〇四
永綏直隸廳……二三〇五
晃州直隸廳……二三〇五

卷六十九　志四十四

地理十六

四川……二三〇七
成都府……二三〇八
重慶府……二三一一
保寧府……二三一四
順慶府……二三一六
敍州府……二三一七
夔州府……二三一九
龍安府……二三二〇
寧遠府……二三二一
雅州府……二三二三
嘉定府……二三二四
潼川府……二三二五
綏定府……二三二七
康定府……二三二八
巴安府……二三二九
登科府……二三二九
邛州直隸州……二三三〇
綿州直隸州……二三三一
資州直隸州……二三三三

卷七十　志四十五

地理十七

卷七十一　志四十六

地理十八

臺東直隸州……二三六八

卷七十二　志四十七

地理十九

廣東……二三六九
廣州府……二三七〇
肇慶府……二三七三
羅定直隸州……二三七五
佛岡直隸廳……二三七五
赤溪直隸廳……二三七六
韶州府……二三七六
南雄直隸州……二三七七
連州直隸州……二三七八
連山直隸廳……二三七八
惠州府……二三七九
潮州府……二三八一
嘉應直隸州……二三八三
高州府……二三八四
雷州府……二三八五
陽江直隸州……二三八六
廉州府……二三八七
欽州直隸州……二三八七
瓊州府……二三八八
崖州直隸州……二三九〇

卷七十三　志四十八

地理二十

廣西……二三九三
桂林府……二三九四
柳州府……二三九七
慶遠府……二三九九
思恩府……二四〇一

百色直隸廳……一二三〇四
泗城府……一二三〇五
平樂府……一二三〇六
梧州府……一二三〇八
鬱林直隸州……一二三一〇
潯州府……一二三一一
南寧府……一二三一二
太平府……一二三一三
上思直隸廳……一二三一八
鎮安府……一二三一八
歸順直隸州……一二三一九

卷七十四　志四十九

地理二十一

雲南……一二三二一
雲南府……一二三二三
武定直隸州……一二三二五
大理府……一二三二五
麗江府……一二三二七
楚雄府……一二三二九
永昌府……一二三三〇
順寧府……一二三三三
永北直隸廳……一二三三四
蒙化直隸廳……一二三三五
景東直隸廳……一二三三六
曲靖府……一二三三六
東川府……一二三三八
昭通府……一二三三九
鎮雄直隸州……一二三四〇
澂江府……一二三四〇
廣西直隸州……一二三四一

卷七十五　志五十

地理二十二

卷七十六　志五十一

地理二十三

哈密直隸廳……二三七八
庫爾喀喇烏蘇直隸廳……二三七九
伊犂府……二三八〇
塔爾巴哈臺直隸廳……二三八二
精河直隸廳……二三八三
溫宿府……二三八四
焉耆府……二三八五
庫車直隸州……二三八七
烏什直隸廳……二三八八
疏勒府……二三八九
莎車府……二三九〇
和闐直隸州……二三九三
英吉沙爾直隸廳……二三九四

卷七十七　志五十二

地理二十四

內蒙古……二三九五
科爾沁部……二三九六
扎賚特部……二三九九
杜爾伯特部……二三九九
郭爾羅斯部……二四〇〇
喀喇沁部……二四〇一
土默特部……二四〇三
敖漢部……二四〇四
奈曼部……二四〇五
巴林部……二四〇五
札魯特部……二四〇六
翁牛特部……二四〇七
阿嚕科爾沁部……二四〇八
克什克騰部……二四〇九
喀爾喀左翼部……二四一〇

烏珠穆沁部……二四一〇
阿巴哈納爾部……二四一一
浩齊特部……二四一二
阿巴噶部……二四一三
蘇尼特部……二四一四
四子部落……二四一五
茂明安部……二四一五
烏喇特部……二四一六
喀爾喀右翼部……二四一七
鄂爾多斯……二四一七

卷七十八　志五十三

地理二十五

外蒙古……二四二一
土謝圖汗部……二四二三
賽音諾顏部……二四二六
車臣汗部……二四三二
札薩克圖汗部……二四三六
杜爾伯特部……二四三九
明阿特部……二四四〇
阿爾泰烏梁海……二四四一
阿爾泰諾爾烏梁海部……二四四一
博東齊旗布圖庫旗……二四四一
新土爾扈特部……二四四二
新和碩特部……二四四二
札哈沁部……二四四三
科布多額魯特部……二四四三
阿拉善額魯特部……二四四三
額濟納舊土爾扈特部……二四四五
南路舊土爾扈特部……二四四六
中路和碩特部……二四四八

北路舊土爾扈特部……二四四八
東路舊土爾扈特部……二四四九
西路舊土爾扈特部……二四五〇
唐努烏梁海部……二四五一
卷七十九　志五十四
地理二十六
青海……二四五五
青海和碩特部……二四五八
青海綽羅斯部……二四六四
青海輝特部……二四六五
青海土爾扈特部……二四六五
青海喀爾喀部……二四六六
青海所屬土司……二四六七
卷八十　志五十五
地理二十七

西藏……二四六九
衞……二四七〇
康……二四七三
拉里……二四七四
藏……二四七五
卷八十一　志五十六
地理二十八
察哈爾……二四七九
卷八十二　志五十七　〔一〇册〕
禮一吉禮一……二四八三
壇壝之制……二四八六
神位祭器祭品玉帛牲牢
之數……二四九一
祀期……二四九七
齋戒……二四九七

祝版……二四九九
祭服……二四九九
祭告……二五〇〇
習儀……二五〇一
陪祀……二五〇一

卷八十三　志五十八

禮二　吉禮二

郊社儀制……二五〇三
郊社配饗……二五〇七
祈穀……二五一〇
雩祀……二五一一
天神……二五一三
太歲朝日夕月……二五一四
社稷……二五一六
先農……二五一七
先蠶……二五一九
地祇……二五二一
嶽鎮海瀆山川……二五二一
直省神祇……二五二三

卷八十四　志五十九

禮三　吉禮三

歷代帝王陵廟……二五二五
傳心殿……二五三三
先師孔子……二五三三
元聖周公……二五四〇
關聖帝君……二五四一
文昌帝君……二五四二
祭纛祀礮……二五四三
京師羣祀……二五四四
五祀八蜡附……二五五〇

直省祭厲……二五五一

卷八十五　志六十

禮四　吉禮四

堂子祭天……二五五三
坤寧宮祀神……二五五九
令節設供……二五六三
求福祀神……二五六三
奉先殿……二五六五
壽皇殿……二五六七
安佑宮……二五六九
　綏成殿附……二五七〇
滿洲跳神儀……二五七〇

卷八十六　志六十一

禮五　吉禮五

宗廟之制……二五七三
時饗……二五八〇
祫祭……二五八二
加上謚號……二五八三
東西廡配饗……二五八六
醇賢親王廟……二五八八
謁陵……二五八八

卷八十七　志六十二

禮六　吉禮六

昭忠祠……二五九五
賢良祠……二六〇一
功臣專祠……二六〇四
宗室家廟……二六〇九
品官士庶家祭……二六一一

卷八十八　志六十三

禮七　嘉禮一……二六一五

登極儀……二六一六
授受儀……二六一七
太后垂簾儀……二六一九
親政儀……二六二〇
大朝儀……二六二一
常朝儀……二六二三
　御門聽政附……二六二四
太上皇帝三大節朝賀儀……二六二五
太皇太后皇太后皇后三大
　節朝賀儀……二六二五
大宴儀……二六二七
上尊號徽號儀……二六三〇
　尊封太妃太嬪儀附……二六三一
册立中宮儀……二六三三
　册妃嬪儀附……二六三三
册皇太子儀……二六三三
　太子千秋節附……二六三三
册諸王儀……二六三四
　册公主附……二六三四

卷八十九　志六十四

禮八　嘉禮二

大婚儀……二六三七
皇子婚儀……二六四〇
　王公婚禮附……二六四〇
公主下嫁儀……二六四一
　郡主以下于歸禮附……二六四二
品官士庶婚禮……二六四三
視學儀……二六四四
　臨雍附……二六四五
經筵儀……二六四六

日講附……二六四八
策士儀……二六四八
頒詔儀……二六四九
迎接詔書附……二六五〇
進書儀……二六五〇
進表箋儀……二六五三
巡狩儀……二六五三
鄉飲酒禮……二六五四
卷九十　志六十五
禮九軍禮……二六五七
親征……二六五八
凱旋……二六五九
命將出征……二六六〇
奏凱……二六六二
受降……二六六三
獻俘受俘……二六六四
大閱……二六六五
會閱暨京師訓練附……二六六六
秋獮……二六六八
日食救護……二六七一
卷九十一　志六十六
禮十賓禮……二六七三
藩國通禮……二六七四
山海諸國朝貢禮……二六七五
敕封藩服禮……二六七八
外國公使覲見禮……二六七九
內外王公相見禮……二六八二
京官相見禮……二六八三
直省官相見禮……二六八四
士庶相見禮……二六八六

卷九十二　志六十七
禮十一 凶禮一 ……二六八九
皇帝喪儀……二六八九
皇后喪儀……二六九七
貴妃等喪儀……二七〇六
卷九十三　志六十八
禮十二 凶禮二
皇太子皇子等喪儀……二七一一
親王以下及公主以下喪儀……二七一四
醇賢親王及福晉喪儀……二七一六
忌辰……二七一六
賜祭葬……二七一七
賜謚……二七二〇
外藩賜卹……二七二二
品官喪禮……二七二三
士庶人喪禮……二七二五
卷九十四　志六十九　〔一一册〕
服制……二七二六
樂一
總論……二七三一
卷九十五　志七十
樂二
十二律呂尺度……二七六一
七音清濁……二七六三
黃鍾同形管聲……二七六四
管音……二七六五
絃音……二七七八
絃音旋宮轉調……二七八四
卷九十六　志七十一
樂三 樂章一

郊廟……二八〇三
羣祀……二八三一

卷九十七　志七十二

樂四　樂章二

御殿慶賀……二八三九
禾辭……二八七三
桑歌……二八七四

卷九十八　志七十三

樂五　樂章三

筵宴……二八七五
鄉飲酒……二九一二

卷九十九　志七十四

樂六　樂章四

筵宴舞曲……二九一五
大宴笳吹樂……二九三三
番部合奏……二九四〇

卷一百　志七十五

樂七　樂章五

鐃歌大樂……二九四三
鐃歌清樂……二九六三
凱歌辭……二九七八

卷一百一　志七十六

樂八

中和韶樂……二九八五
丹陛大樂……二九九一
中和清樂……二九九二
丹陛清樂……二九九二
導迎樂……二九九三
鐃歌樂……二九九四
禾辭桑歌樂……二九九八

慶神歡樂……二九九八
宴樂……二九九八
賜宴樂……三〇〇八
舞樂……三〇〇九
卷一百二　志七十七
輿服一……三〇一三
皇帝五輅……三〇一五
皇帝輦輿……三〇二〇
皇后輿車……三〇二三
皇貴妃以下輿車……三〇二五
皇太后輿車附……三〇二五
親王以下輿車……三〇二七
親王福晉以下輿車……三〇二八
京外職官輿車……三〇三〇
庶民車附……三〇三一
命婦輿車……三〇三一
卷一百三　志七十八
輿服二……三〇三三
皇帝冠服……三〇三四
皇后冠服……三〇三八
太皇太后皇太后冠服附……三〇四〇
皇貴妃以下冠服……三〇四〇
皇子親王以下冠服……三〇四三
皇子親王福晉以下冠服……三〇四九
文武官冠服……三〇五五
命婦冠服……三〇六〇
士庶冠服……三〇六一
卷一百四　志七十九
輿服三
皇帝御寶……三〇六五

皇后金寶……三〇七〇
太皇太后皇太后金寶玉
寶附……三〇七〇
皇貴妃以下寶印……三〇七一
皇子親王以下寶印……三〇七一
文武官印信關防條記……三〇七一
卷一百五　志八十
輿服四 鹵簿附……三〇八三
皇帝鹵簿……三〇八四
太上皇鹵簿皇太子儀衛……三〇八八
皇后儀駕……三〇八九
太皇太后儀駕皇太后
儀駕……三〇九〇
皇貴妃以下儀仗采仗……三〇九〇
親王以下儀衛……三〇九一
固倫公主以下儀衛……三〇九三
額駙儀衛……三〇九五
職官儀衛……三〇九五
卷一百六　志八十一　〔一二册〕
選舉一……三〇九九
學校一……三〇九九
卷一百七　志八十二
選舉二
學校二……三一一三
卷一百八　志八十三
選舉三
文科……三一四七
武科……三一七一
卷一百九　志八十四
選舉四

制科……三一七五
薦擢……三一八一
卷一百十　志八十五
選舉五
封廕……三一九三
推選……三二〇五
卷一百十一　志八十六
選舉六
考績……三二二一
卷一百十二　志八十七
選舉七
捐納……三二三三
卷一百十三　志八十八
選舉八
新選舉……三二四七
卷一百十四　志八十九
職官一……三二六三
宗人府……三二六五
師傅保……三二六七
內閣……三二六七
稽查欽奉上諭事件處……三二六九
中書科……三二六九
軍機處……三二七〇
內繙書房……三二七一
方略館……三二七一
吏部……三二七一
戶部……三二七五
三庫……三二七七
倉場……三二七八
關稅各差……三二七八

禮部……三二七九
會同四譯館……三二八三
樂部……三二八四
兵部……三二八五
刑部……三二八七
工部……三二九一
火藥局……三二九四
河道溝渠……三二九四
盛京五部……三二九四

卷一百十五 志九十

職官二

理藩院……三二九七
都察院……三三〇一
五城兵馬司……三三〇四
六科給事中……三三〇六
通政使司……三三〇七
大理寺……三三〇八
翰林院……三三〇九
文淵閣……三三一一
國史館……三三一二
經筵講官……三三一二
起居注……三三一二
詹事府……三三一三
太常寺……三三一五
太僕寺缺
光祿寺……三三一六
鴻臚寺……三三一八
國子監……三三一九
衍聖公……三三二〇
五經博士……三三二一

欽天監……三三二三
太醫院……三三二五
壇廟官……三三二七
陵寢官……三三二七
僧道錄司……三三三一

卷一百十六　志九十一

職官三 外官

順天府……三三三三
奉天府……三三三五
總督巡撫……三三三六
學政……三三四五
布政使……三三四六
按察使……三三四八
鹽運使……三三四九
道……三三五二
府……三三五六
州……三三五七
縣……三三五七
儒學……三三五八
巡檢……三三五九
驛丞……三三五九
庫倉稅課河泊各大使牐官……三三五九
醫學……三三六〇
陰陽學……三三六〇
僧綱司道紀司……三三六〇

卷一百十七　志九十二

職官四 武職　藩部土司各官

公侯伯子男……三三六一
額駙……三三六三
侍衞處……三三六四

鑾輿衛……三三六六
驍騎營八旗都統……三三六八
前鋒營護軍營統領……三三七〇
景運門直班……三三七一
八旗內務府三旗護軍營
總統……三三七二
三旗包衣驍騎營……三三七三
三旗包衣護軍營……三三七三
步軍統領……三三七五
火器健銳神機虎槍諸營……三三七七
嚮導處……三三八〇
上虞備用處……三三八〇
善撲營……三三八〇
王公府屬各官……三三八一
公主府長史……三三八二
陵寢駐防各官……三三八二
各省駐防將軍等官……三三八三
提督等官……三三八九
各處駐劄大臣……三三九九
回部各官……三四〇三
藩屬各官……三四〇六
土司各官……三四〇九
番部僧官……三四一九

卷一百十八　志九十三

職官五內務府

內務府……三四二一
行宮園囿……三四二八
御船處等……三四三三
官學……三四三三
武英殿修書處……三四三三

上駟院……三四三三
武備院……三四三四
奉宸苑……三四三五
盛京內務府……三四三八
宦官……三四三九
卷一百十九　志九十四
職官六 新官制……三四四五
內閣……三四四六
外務部……三四四七
出使大臣……三四四八
稅務處……三四五〇
民政部……三四五一
內外巡警總廳……三四五三
度支部……三四五三
清理財政處……三四五四
大清銀行……三四五五
造幣總廠……三四五五
學部……三四五五
國子監……三四五六
大學堂……三四五六
陸軍部……三四五七
海軍部……三四六〇
法部……三四六二
修訂法律館……三四六三
大理院……三四六三
京師各級審檢廳……三四六四
農工商部……三四六六
郵傳部……三四六七
軍諮府……三四六八
弼德院……三四六九

資政院……三四七〇
鹽政院……三四七〇
典禮院……三四七一
　禮學館缺
提學使……三四七二
提法使……三四七二
　外省各級審檢廳……三四七二
東三省各司……三四七三
禁衛軍……三四七四
督練公所……三四七五
軍制……三四七六
鎮制……三四七六
　陸軍鎮監……三四七七
巡防隊……三四七七
海軍艦制……三四七七

卷一百二十　志九十五　〔一三册〕
食貨一……三四七九
戶口……三四八〇
田制……三四九四
卷一百二十一　志九十六
食貨二
　賦役……三五二七
　倉庫……三五五三
卷一百二十二　志九十七
食貨三
　漕運……三五六五
卷一百二十三　志九十八
食貨四
　鹽法……三六〇七
卷一百二十四　志九十九

食貨五
錢法……三六四一
茶法……三六五一
鑛政……三六六四
卷一百二十五　志一百
食貨六
征榷……三六七三
會計……三七〇三
卷一百二十六　志一百一
河渠一
黃河……三七一五
卷一百二十七　志一百二
河渠二
運河……三七六九
卷一百二十八　志一百三
河渠三
淮河……三七九五
永定河……三八〇八
海塘……三八一五
卷一百二十九　志一百四
河渠四
直省水利……三八二三
卷一百三十　志一百五　〔一四册〕
兵一……三八五九
八旗……三八六〇
卷一百三十一　志一百六
兵二
綠營……三八九一
卷一百三十二　志一百七
兵三

防軍……三九二九
陸軍……三九四五
卷一百三十三　志一百八
兵四
鄉兵……三九四九
卷一百三十四　志一百九
兵五
土兵……三九六三
卷一百三十五　志一百十
兵六
水師……三九八一
卷一百三十六　志一百十一
兵七
海軍……四〇二九
卷一百三十七　志一百十二
兵八
邊防……四〇六三
卷一百三十八　志一百十三
兵九
海防……四〇九五
卷一百三十九　志一百十四
兵十
訓練……四一一九
卷一百四十　志一百十五
兵十一
製造……四一三三
卷一百四十一　志一百十六
兵十二
馬政……四一七一
卷一百四十二　志一百十七　〔一五册〕

刑法一……四一八一
卷一百四十三　志一百十八
刑法二……四一九三
卷一百四十四　志一百十九
刑法三……四二〇五
卷一百四十五　志一百二十
藝文一……四二一九
經部……四二三〇
易類……四二三〇
書類……四二三六
詩類……四二三九
禮類……四二三三
樂類……四二四〇
春秋類……四二四二
孝經類……四二四七
四書類……四二四八
經總義類……四二五二
小學類……四二五五
卷一百四十六　志一百二十一
藝文二
史部……四二六七
正史類……四二六七
編年類……四二七一
紀事本末類……四二七三
別史類……四二七四
雜史類……四二七六
詔令奏議類……四二七八
傳記類……四二八一
史鈔類……四二八六
載記類……四二八六

時令類……四二八七
地理類……四二八七
職官類……四三〇五
政書類……四三〇七
目錄類……四三一二
金石類……四三一五
史評類……四三二三

卷一百四十七　志一百二十二

藝文三

子部……四三二五
儒家……四三二五
兵家……四三三二
法家……四三三四
農家……四三三五
醫家……四三三六
天文算法……四三四一
術數……四三四八
藝術……四三五〇
譜錄……四三五四
雜家……四三五七
類書……四三六五
小說……四三六七
釋家……四三六八
道家……四三六九

卷一百四十八　志一百二十三

藝文四

集部……四三七三
楚辭類……四三七三
別集類……四三七四
總集類……四四〇四

詩文評類……四四一五
詞曲類……四四一八
卷一百四十九
志一百二十四 〔一六冊〕
交通一……四四二五
鐵路……四四二六
卷一百五十　志一百二十五
交通二
輪船……四四五一
卷一百五十一　志一百二十六
交通三
電報……四四六一
卷一百五十二　志一百二十七
交通四
郵政……四四七五
卷一百五十三　志一百二十八
邦交一……四四八一
俄羅斯……四四八二
卷一百五十四　志一百二十九
邦交二
英吉利……四五一五
卷一百五十五　志一百三十
邦交三
法蘭西……四五六一
卷一百五十六　志一百三十一
邦交四
美利堅……四五七七
卷一百五十七　志一百三十二
邦交五
德意志……四五九九

卷一百五十八　志一百三十三
邦交六
日本……四六一七
卷一百五十九　志一百三十四
邦交七
瑞典那威……四六四五
丹墨……四六四七
和蘭……四六五〇
日斯巴尼亞……四六五七
比利時……四六六〇
義大利……四六六六
卷一百六十　志一百三十五
邦交八
奧斯馬加……四六七三
秘魯……四六七六
巴西……四六八二
葡萄牙……四六八四
墨西哥……四六九五
剛果……四六九八
卷一百六十一　表一　〔一七册〕
皇子世表一……四七〇一
肇祖系……四七〇二
興祖系……四七〇三
景祖系……四七〇六
顯祖系……四七一三
卷一百六十二　表二
皇子世表二
太祖系……四八二二
卷一百六十三　表三　〔一八册〕
皇子世表三

太宗系……五〇一七
世祖系……五〇五五
卷一百六十四　表四
皇子世表四
聖祖系……五〇八一
卷一百六十五　表五
皇子世表五
世宗系……五一八九
高宗系……五二〇六
仁宗系……五二四一
宣宗系……五二四八
文宗系……五二六四
卷一百六十六　表六
公主表……五二六五
卷一百六十七　表七
外戚表……五三〇三
卷一百六十八　表八　〔一九册〕
諸臣封爵世表一……五三四五
卷一百六十九　表九
諸臣封爵世表二……五四三五
卷一百七十　表十
諸臣封爵世表三……五四七七
卷一百七十一　表十一
諸臣封爵世表四……五五四三
卷一百七十二　表十二　〔二〇册〕
諸臣封爵世表五上……五七三七
卷一百七十三　表十三
諸臣封爵世表五下……五九二七
卷一百七十四　表十四　〔二一册〕
大學士年表一……六〇八九

卷一百七十五　表十五
大學士年表二……六一七九
卷一百七十六　表十六
軍機大臣年表一……六二二九
卷一百七十七　表十七
軍機大臣年表二……六二七七
卷一百七十八　表十八　〔二二册〕
部院大臣年表一上……六三二一
卷一百七十九　表十九
部院大臣年表一下……六三六三
卷一百八十　表二十
部院大臣年表二上……六三七五
卷一百八十一　表二十一
部院大臣年表二下……六四九一
卷一百八十二　表二十二
部院大臣年表三上……六五三五
卷一百八十三　表二十三
部院大臣年表三下……六五六三
卷一百八十四　表二十四
部院大臣年表四上……六五七五
卷一百八十五　表二十五　〔二三册〕
部院大臣年表四下……六六八三
卷一百八十六　表二十六
部院大臣年表五上……六七二一
卷一百八十七　表二十七
部院大臣年表五下……六七八九
卷一百八十八　表二十八
部院大臣年表六上……六八一三
卷一百八十九　表二十九
部院大臣年表六下……六八七五

卷一百九十　表三十
部院大臣年表七上……六八九九
卷一百九十一　表三十一
部院大臣年表七下……六九二二
卷一百九十二　表三十二
部院大臣年表八上……六九三一
卷一百九十三　表三十三
部院大臣年表八下……六九五五
卷一百九十四　表三十四
部院大臣年表九上……六九六七
卷一百九十五　表三十五
部院大臣年表九下……七〇一三
卷一百九十六　表三十六
部院大臣年表十……七〇三五
卷一百九十七　表三十七　〔二四册〕
疆臣年表一
各省總督……七〇五五
河督漕督附……七〇五六
卷一百九十八　表三十八
疆臣年表二
各省總督……七一八七
河督漕督附……七一八七
卷一百九十九　表三十九
疆臣年表三
各省總督……七二八九
河督漕督附……七二八九
卷二百　表四十　〔二五册〕
疆臣年表四
各省總督……七三七九
河督漕督附……七三七九

卷二百一　表四十一
疆臣年表五
各省巡撫……七四八一
卷二百二　表四十二　〔二六册〕
疆臣年表六
各省巡撫……七六一三
卷二百三　表四十三
疆臣年表七
各省巡撫……七七三五
卷二百四　表四十四
疆臣年表八
各省巡撫……七八三五
卷二百五　表四十五　〔二七册〕
疆臣年表九
各邊將軍都統大臣……七九五一
卷二百六　表四十六
疆臣年表十
各邊將軍都統大臣……八〇一一
卷二百七　表四十七
疆臣年表十一
各邊將軍都統大臣……八一〇三
卷二百八　表四十八
疆臣年表十二
各邊將軍都統大臣……八二〇七
卷二百九　表四十九　〔二八册〕
藩部世表一……八三一一
卷二百十　表五十
藩部世表二……八四五三
卷二百十一　表五十一　〔二九册〕
藩部世表三……八六二五

卷二百十二　表五十二
交聘年表一……八七八一
中國遣駐使……八七八二
卷二百十三　表五十三
交聘年表二
各國遣駐使……八八三五
卷二百十四　列傳一　〔三〇册〕
后妃……八八九五
顯祖宣皇后……八八九八
繼妃……八八九八
庶妃……八八九八
太祖孝慈高皇后……八八九九
元妃……八八九九
繼妃……八八九九
大妃……八九〇〇
壽康太妃……八九〇〇
諸妃……八九〇〇
太宗孝端文皇后……八九〇一
孝莊文皇后……八九〇一
敏惠恭和元妃……八九〇四
懿靖大貴妃……八九〇四
康惠淑妃……八九〇四
諸妃……八九〇四
世祖廢后……八九〇五
孝惠章皇后……八九〇六
孝康章皇后……八九〇八
孝獻皇后……八九〇八
貞妃……八九〇九
淑惠妃……八九〇九
諸妃……八九一〇

聖祖孝誠仁皇后……八九一〇
孝昭仁皇后……八九一一
孝懿仁皇后……八九一一
孝恭仁皇后……八九一一
敬敏皇貴妃……八九一一
定妃……八九一二
通嬪……八九一二
愨怡皇貴妃……八九一二
慤惠皇貴妃……八九一二
諸妃……八九一二
世宗孝敬憲皇后……八九一三
孝聖憲皇后……八九一四
敦肅皇貴妃……八九一五
純慤皇貴妃……八九一五
諸妃……八九一五
高宗孝賢純皇后……八九一六
皇后烏喇那拉氏……八九一七
孝儀純皇后……八九一八
慧賢皇貴妃……八九一八
純惠皇貴妃……八九一九
慶恭皇貴妃……八九一九
哲憫皇貴妃……八九一九
淑嘉皇貴妃……八九一九
婉貴太妃……八九一九
諸妃……八九二〇
仁宗孝淑睿皇后……八九二〇
孝和睿皇后……八九二〇
恭順皇貴妃……八九二一
和裕皇貴妃……八九二一
諸妃……八九二一

宣宗孝穆成皇后……八九二三
孝愼成皇后……八九二三
孝全成皇后……八九二三
孝靜成皇后……八九二三
莊順皇貴妃……八九二三
彤貴妃……八九二四
諸妃……八九二四
文宗孝德顯皇后……八九二四
孝貞顯皇后……八九二五
孝欽顯皇后……八九二五
莊靜皇貴妃……八九三〇
玫貴妃……八九三〇
端恪皇貴妃……八九三〇
諸妃……八九三〇
穆宗孝哲毅皇后……八九三〇
淑愼皇貴妃……八九三一
莊和皇貴妃……八九三一
敬懿皇貴妃……八九三一
榮惠皇貴妃……八九三一
德宗孝定景皇后……八九三一
端康皇貴妃……八九三二
恪順皇貴妃……八九三三
宣統皇后……八九三三
淑妃……八九三三

卷二百十五　列傳二

諸王一……八九三五
景祖諸子……八九三七
武功郡王禮敦……八九三七
孫色勒……八九三八
慧哲郡王額爾袞……八九三八

宣獻郡王齋堪……八九三九
恪恭貝勒塔察篇古……八九三九
顯祖諸子
誠毅勇壯貝勒穆爾哈齊……八九三九
子襄敏貝子
務達海漢岱……八九四〇
莊親王舒爾哈齊……八九四二
子阿敏……八九四三
阿敏子溫簡貝子
固爾瑪琿……八九四五
固爾瑪琿子鎮國襄敏公
瓦三……八九四六
舒爾哈齊子鄭獻親王
濟爾哈朗……八九四六
濟爾哈朗子簡純親王
濟度……八九五〇
濟度子簡親王喇布……八九五〇
簡修親王雅布……八九五一
雅布從孫簡儀親王德沛豐訥亨
端華　承志……八九五二
濟爾哈朗子輔國武襄公
巴爾堪……八九五四
巴爾堪子輔國襄愍公
巴賽……八九五五
舒爾哈齊子靖定貝勒
費揚武……八九五五
費揚武子尚善……八九五六
惠獻貝子
傅喇塔興兆……八九五七
舒爾哈齊諸孫輔國公品級

札喀納……八九五九
鎮國公品級
屯齊溫齊……八九六〇
鎮國將軍
洛託……八九六一
通達郡王雅爾哈齊……八九六三
篤義剛果貝勒巴雅喇
拜音圖……八九六三

卷二百十六　列傳三

諸王二

太祖諸子一

廣略貝勒褚英……八九六六
子安平貝勒杜度……八九六七
杜度子愨厚貝勒
杜爾祜……八九六八
貝子穆爾祜……八九六九
恪喜貝子
特爾祜……八九六九
懷愍貝子薩弼……八九六九
褚英子敬謹莊親王
尼堪……八九七〇
禮烈親王代善……八九七三
子巽簡親王滿達海……八九七六
滿達海從子康良親王
傑書昭槤　世鐸……八九七七
代善子克勤郡王岳託……八九八一
岳托子衍禧介郡王
羅洛渾羅科鐸……八九八四
羅洛渾曾孫平敏郡王福
彭慶惠……八九八四

岳託子顯榮貝勒
喀爾楚渾……八九八五
鎮國將軍品級
巴思哈……八九八六
代善子碩託……八九八六
穎毅親王薩哈璘……八九八七
順承恭惠郡王
薩哈璘子阿達禮……八九九〇
勒克德渾……八九九〇
勒克德渾子勒爾錦……八九九一
孫錫保……八九九二
代善子謙襄郡王
瓦克達……八九九三
輔國公瑪占……八九九五

卷二百十七　列傳四

諸王三

太祖諸子二

鎮國勤敏公阿拜……八九九八
鎮國克潔將軍湯古代……八九九八
子鎮國公聶克塞……八九九八
莽古爾泰……八九九九
輔國慤厚將軍塔拜……九〇〇一
饒餘敏郡王阿巴泰……九〇〇一
子安和親王岳樂……九〇〇五
溫良貝子博和託……九〇〇八
博和託子貝子彰泰……九〇〇八
阿巴泰子博洛……九〇一〇
孫悼愍貝子
蘇布圖……九〇一三
鎮國恪僖公巴布泰……九〇一三

德格類……九〇一三
巴布海……九〇一四
阿濟格……九〇一四
輔國介直公賴慕布……九〇一九

卷二百十八　列傳五

諸王四

太祖諸子三
睿忠親王多爾衮……九〇二一
豫通親王多鐸……九〇三三
子信宣和郡王多尼……九〇三七
多尼子信郡王鄂扎……九〇三八
多鐸子信郡王董額……九〇三八
輔國恪僖公察尼……九〇四〇
費揚果……九〇四一

卷二百十九　列傳六

諸王五

太宗諸子……九〇四三
肅武親王豪格……九〇四四
子溫良郡王猛峩……九〇四八
猛峩子延信……九〇四八
輔國公葉布舒……九〇四八
承澤裕親王碩塞……九〇四八
莊恪親王允祿載勛……九〇四九
鎮國慤厚公高塞……九〇五一
輔國公品級常舒……九〇五一
輔國公韜塞……九〇五三
襄昭親王博穆博果爾……九〇五三
世祖諸子……九〇五三
裕憲親王福全……九〇五三
榮親王……九〇五六

恭親王常寧……九〇五六
純靖親王隆禧……九〇五七

卷二百二十　列傳七

諸王六

聖祖諸子……九〇五九
貝子品級允禔……九〇六一
理密親王允礽……九〇六二
誠隱郡王允祉……九〇六七
恆溫親王允祺……九〇六九
淳度親王允祐……九〇六九
允禩……九〇七〇
允禟……九〇七四
輔國公允䄉……九〇七六
履懿親王允祹……九〇七六
怡賢親王允祥 載垣……九〇七七
恂勤郡王允禵……九〇八一
愉恪郡王允禑……九〇八二
果毅親王允禮……九〇八三
果恭郡王弘瞻……九〇八三
簡靖貝勒允禕……九〇八四
慎靖郡王允禧……九〇八四
質莊親王永瑢……九〇八五
恭勤貝勒允祜……九〇八五
郡王品級誠貝勒允祁……九〇八五
誠恪親王允祕 弘旿……九〇八六
世宗諸子……九〇八六
端親王弘暉……九〇八七
和恭親王弘晝……九〇八七
懷親王福惠……九〇八七

卷二百二十一　列傳八

諸王七

高宗諸子……九〇九〇
定安親王永璜 載銓……九〇九一
端慧太子永璉……九〇九二
循郡王永璋……九〇九二
榮純親王永琪……九〇九二
哲親王永琮……九〇九三
儀慎親王永璇……九〇九三
成哲親王永瑆……九〇九四
貝勒永璂……九〇九六
慶僖親王永璘 奕劻 載振……九〇九六
仁宗諸子……九〇九九
穆郡王……九〇九九
惇恪親王綿愷……九〇九九
惇勤親王奕誴……九一〇〇
瑞懷親王綿忻 載漪……九一〇一
惠端親王綿愉……九一〇三
宣宗諸子……九一〇四
隱志郡王奕緯……九一〇四
順和郡王奕綱……九一〇四
慧質郡王奕繼……九一〇四
恭忠親王奕訢……九一〇五
醇賢親王奕譞 載灃……九一〇七
鍾端郡王奕詥……九一一一
孚敬郡王奕譓……九一一一
文宗子
憫郡王……九一一三
卷二百二十二 列傳九
阿哈出……九一一五
子釋加奴……九一一六

猛哥不花……九一一六
猛哥帖木兒……九一一六
猛哥帖木兒弟凡察……九一一六
釋加奴子李滿住……九一一六
猛哥不花子撒滿哈失里……九一一七
猛哥帖木兒子董山……九一一八
凡察子不花禿……九一二三
董山子脫羅……九一二三
李滿住孫完者禿……九一二三
脫羅子脫原保……九一二三
王杲……九一二四
王兀堂……九一二六

卷二百二十三　列傳十

萬……九一二九
子扈爾干……九一三一
孟格布祿……九一三一
扈爾干子岱善……九一三一
孟格布祿子吳爾古代……九一三五
楊吉砮……九一三五
兄清佳砮……九一三五
清佳砮子布寨……九一三七
楊吉砮子納林布祿……九一三七
金台石……九一四〇
布寨子布揚古……九一四〇
布占泰……九一四五
拜音達里……九一五〇

卷二百二十四　列傳十一

張煌言……九一五三
張名振……九一五七
王翊等……九一五八

鄭成功……九一五八
子錦……九一六四
錦子克塽……九一六七
李定國……九一六八
卷二百二十五　列傳十二　〔三一册〕
額亦都……九一七五
費英東……九一七九
子索海……九一八一
孫倭黑……九一八二
何和禮……九一八三
子多積禮……九一八四
和碩圖……九一八四
都類……九一八五
安費揚古……九一八五
扈爾漢……九一八八
卷二百二十六　列傳十三
揚古利……九一九一
勞薩……九一九五
子程尼……九一九八
圖魯什……九一九八
子巴什泰……九二〇〇
覺羅拜山……九二〇一
子顧納岱……九二〇一
顧納岱子莫洛渾……九二〇二
西喇布……九二〇三
子馬喇希……九二〇三
阿蘭珠……九二〇四
阿蘭珠弟布爾堪……九二〇五
納爾察……九二〇五
納爾察子瑚沙……九二〇五

達音布……九二〇七
朗格……九二〇八
朗格子和託……九二〇八
從弟雍舜……九二〇九
瑪爾當圖……九二一〇
瑪爾當圖子烏庫理……九二一〇
喀喇……九二一一
喀喇孫舒里渾……九二一二
洛多歡……九二一二
崆古圖特爾勒……九二一二
巴篤理蒙阿圖……九二一三
穆克譚……九二一四
穆克譚子愛音塔穆……九二一五
達珠瑚……九二一六
達珠瑚子翁阿岱……九二一七

卷二百二十七　列傳十四

常書……九二二九
弟揚書……九二二九
子察哈喇……九二三〇
孫葉璽……九二三一
曾孫辰布祿……九二三二
察哈喇子富喇克塔……九二三二
揚書子達爾漢……九二三三
達爾漢子鄂羅塞臣……九二三四
康果禮……九二三五
弟喀克都哩……九二三六
哈哈納費揚古……九二三七
哈哈納弟綽和諾……九二三八
綽和諾從子富喀禪……九二三九
葉克書……九二三〇

葉克書子道喇……九二三一
博爾晉……九二三二
子特錦……九二三三
孫瑪沁……九二三四
曾孫康喀喇……九二三四
雅希禪……九二三五
子恭袞……九二三五
訥爾特……九二三五
拉篤渾……九二三六
舒賽……九二三六
舒賽子西蘭……九二三六
西蘭子席特庫……九二三七
景固勒岱……九二三七
景固勒岱從弟崇阿……九二三八
揚善……九二三八
弟伊遜……九二三九
納都祜……九二三九
從弟武賴……九二三九
冷格里……九二四〇
子穆成格……九二四二
弟納穆泰……九二四二
從弟譚布……九二四四
薩穆什喀……九二四五
弟雅賴……九二四六
洪尼雅喀……九二四七
子武拉禪……九二四七
弟薩蘇喀……九二四八
阿山……九二四九

卷二百二十八　列傳十五

額爾德尼……九二五三

噶蓋……九二五四
噶蓋子武善……九二五四
布善……九二五五
布善子夸扎……九二五五
達海……九二五六
尼堪……九二五八
庫爾纏……九二六〇
弟庫拜……九二六二
英俄爾岱……九二六三
滿達爾漢……九二六六
弟馬福塔……九二六七
明安達禮……九二六八

卷二百二十九　列傳十六

明安……九二七一
子昂洪……九二七二
多爾濟……九二七三
恩格類……九二七四
恩格類從子布當……九二七四
布顏代……九二七四
恩格德爾……九二七六
子額爾克戴青……九二七七
古爾布什……九二七八
鄂齊爾桑……九二七九
布爾喀圖……九二八〇
弼喇什……九二八一
色爾格克……九二八一
阿濟拜……九二八二
恩格圖……九二八三
鄂本兌……九二八四
和濟格爾……九二八五

和濟格爾子拜音達里……九二八六
阿賴……九二八六
布延……九二八七
阿爾沙瑚……九二八八
阿爾沙瑚兄子果爾沁……九二八九
額琳奇岱青……九二八九
德參濟旺……九二九〇
多爾濟達爾罕……九二九一
奇塔特徹爾貝……九二九一
洛哩……九二九二
弟沙哩岱……九二九二
奇塔特偉徵……九二九三
奇塔特偉徵弟額爾格勒珠爾……九二九三
喀蘭圖……九二九四
扎克托會……九二九四
袞楚克圖英……九二九四
琿津……九二九五
沙爾布……九二九六

卷二百三十　列傳十七

武理堪……九二九九
子吳拜……九三〇〇
蘇拜……九三〇三
蘇拜子和託……九三〇四
武納格……九三〇四
子德穆圖……九三〇六
齊墨克圖……九三〇六
阿什達爾漢……九三〇七
蘇納……九三〇九
固三泰……九三一〇
固三泰子明阿圖……九三一一

明阿圖子賽弼翰……九三一一
瑚什布……九三一一
瑚什布子穆徹納……九三一二
鄂莫克圖……九三一二
喀山……九三一三
喀山子納海……九三一三
安達立阿積賴……九三一五
綽拜……九三一六
布丹……九三一六
孫達哩……九三一七
吉思哈……九三一七
弟吉普喀達……九三一八
吳巴海……九三一八
康喀勒……九三一九
從兄子和托……九三二〇

瑪拉……九三二一
兄孫通嘉……九三二一
薩璧翰……九三二一

卷二百三十一　列傳十八

佟養性……九三二三
孫國瑤……九三二五
李永芳剛阿泰　巴顏……九三二六
石廷柱……九三二九
馬光遠……九三三三
弟光輝……九三三五
李思忠塞白理……九三三六
子蔭祖……九三三七
蔭祖子鈉……九三三九
金玉和……九三三九
子維城……九三四〇

王一屏……九三四一
一屏子國光……九三四一
國光子永譽……九三四一
孫得功……九三四二
張士彥……九三四三
士彥子朝璘……九三四三
金礪……九三四四

卷二百三十二　列傳十九

希福……九三四七
子帥顏保……九三四八
曾孫嵩壽……九三四九
范文程……九三五〇
子承勳……九三五五
承勳子時繹……九三五七
文程子承斌……九三五八
承斌子時捷……九三五八
時捷孫建中……九三五八
文程孫時綬……九三五八
時紀……九三五九
時綬子宜恆……九三五九
寧完我……九三五九
鮑承先高鴻中……九三六五

卷二百三十三　列傳二十

圖爾格……九三七一
兄徹爾格……九三七五
伊爾登……九三七六
弟超哈爾……九三七八
超哈爾子額赫里……九三七九
巴奇蘭……九三七九
岱松阿……九三八〇

岱松阿子阿納海……九三八一
巴漢……九三八一
齊爾格申……九三八二
巴都里……九三八三
巴都里從弟子海都……九三八三
托克雅……九三八三
葉臣……九三八四
子車爾布……九三八六
蘇魯邁……九三八八
蘇魯邁子蘇爾濟……九三八八
鄂洛順……九三八八
翁鄂洛……九三八八
珠瑪喇……九三八九
瓦爾喀珠瑪喇……九三九一
瓦爾喀珠瑪喇弟伊瑪喇……九三九三

卷二百三十四　列傳二十一

孔有德……九三九五
全節……九四〇三
耿仲明……九四〇四
子繼茂……九四〇六
繼茂子昭忠……九四〇八
聚忠……九四〇八
尙可喜……九四〇八
子之孝……九四一五
沈志祥……九四一六
兄子永忠……九四一八
永忠子瑞……九四一九
祖大壽……九四一九
子澤潤……九四二八
澤溥……九四二八

澤洪……九四二八
澤洪子良璧……九四二八
大壽養子可法……九四二八
從子澤遠……九四二九

卷二百三十五 列傳二十二

圖賴……九四三一
準塔……九四三五
伊爾德……九四三八
努山……九四四〇
阿濟格尼堪……九四四二
佟圖賴……九四四四

卷二百三十六 列傳二十三

陳泰……九四四七
阿爾津……九四四九
李國翰……九四五一
子海爾圖……九四五四
桑額……九四五四
卓布泰……九四五五
弟巴哈……九四五七
卓羅……九四五七
四世孫永慶……九四五九
愛星阿……九四五九
子富善……九四六〇
遜塔……九四六一
子馬錫泰……九四六二
從弟都爾德……九四六二

卷二百三十七 列傳二十四

洪承疇……九四六五
夏成德……九四七五
孟喬芳……九四七五

張文衡……九四八一
張存仁……九四八二

卷二百三十八　列傳二十五　〔三二册〕

蔣赫德……九四八九
額色赫……九四九〇
車克……九四九一
覺羅巴哈納……九四九三
宋權……九四九四
傅以漸……九四九六
呂宮……九四九六
成克鞏……九四九七
金之俊……九四九九
謝陞……九五〇一
胡世安……九五〇一
王永吉……九五〇一
党崇雅……九五〇三
衛周祚……九五〇四
高爾儼……九五〇四
張端……九五〇四

卷二百三十九　列傳二十六

沈文奎 高士俊　胡貢明　扈應元……九五〇七
李棲鳳……九五一三
馬鳴佩……九五一六
馬國柱……九五一七
羅繡錦……九五二〇
繡錦弟繪錦……九五二三
雷興……九五二三
王來用……九五二三
丁文盛……九五二三
子思孔……九五二五

祝世昌……九五二六

卷二百四十　列傳二十七

李國英……九五二九
劉武元……九五三一
庫禮……九五三三
胡全才……九五三四
申朝紀……九五三五
馬之先……九五三六
劉弘遇……九五三七
于時躍……九五三八
蘇弘祖……九五三九
吳景道……九五三九
李日芃……九五四〇
劉清泰……九五四一
佟岱……九五四二
秦世禎……九五四三
陳錦……九五四四

卷二百四十一　列傳二十八

科爾崑……九五四七
覺善……九五五〇
甘都……九五五一
譚拜……九五五三
法譚……九五五四
席特庫……九五五四
藍拜……九五五六
鄂碩 羅碩……九五五八
伊拜……九五六〇
弟庫爾闡……九五六一
阿哈尼堪……九五六二
星訥……九五六三

褚庫……九五六四
卷二百四十二　列傳二十九
覺羅果科……九五六七
覺羅阿克善……九五六八
敦拜……九五六九
哈寧阿……九五七〇
碩詹……九五七二
碩詹孫達色……九五七三
濟席哈……九五七三
弟費雅思哈……九五七四
噶達渾……九五七五
費揚武……九五七七
愛松古……九五七七
興鼐……九五七九
興鼐兄孫哈爾奇……九五七九
達素……九五八〇
喀爾塔喇……九五八一
喀爾塔喇子赫特赫……九五八二
卷二百四十三　列傳三十
沙爾虎達……九五八三
子巴海……九五八五
安珠瑚……九五八六
劉之源……九五八七
吳守進……九五八九
巴山舒恕……九五九〇
張大猷……九五九二
喀喀木……九五九二
梁化鳳……九五九四
子鼐……九五九六
劉芳名……九五九七

胡有陞……九五九九
楊名高……九六〇〇
劉光弼……九六〇一
劉仲錦……九六〇一

卷二百四十四　列傳三十一

趙開心……九六〇五
楊義……九六〇七
林起龍……九六〇八
朱克簡……九六一〇
成性……九六一三
王命岳……九六一四
李森先……九六一七
李呈祥……九六一八
魏琯……九六一九
李裀……九六二一
季開生……九六二三
弟振宜……九六二四
張煊……九六二六

卷二百四十五　列傳三十二

剛林……九六二九
祁充格……九六三〇
馮銓……九六三〇
孫之獬……九六三三
李若琳……九六三三
陳名夏……九六三三
陳之遴……九六三五
劉正宗……九六三六
張縉彥……九六三八

卷二百四十六　列傳三十三

譚泰……九六三九

何洛會……九六四二
錫圖庫……九六四四
博爾輝……九六四五
冷僧機……九六四七
卷二百四十七　列傳三十四
彭而述……九六四九
陸振芬……九六五〇
姚延著……九六五一
畢振姬……九六五二
方國棟……九六五三
于朋舉……九六五四
王天鑑……九六五五
趙廷標……九六五六
卷二百四十八　列傳三十五
許定國……九六五九
劉良佐……九六六〇
左夢庚……九六六〇
郝効忠……九六六一
徐勇……九六六一
盧光祖……九六六二
田雄……九六六二
馬得功……九六六三
張天祿……九六六四
弟天福……九六六五
趙之龍……九六六五
孫可望……九六六六
白文選……九六六八
卷二百四十九　列傳三十六
索尼……九六七一
蘇克薩哈……九六七六

蘇納海……九六七八
朱昌祚……九六七八
王登聯……九六七八
白爾赫圖……九六七九
遏必隆……九六八〇
子 尹德……九六八一
鼇拜……九六八一
弟 穆里瑪……九六八三
班布爾善……九六八四

卷二百五十　列傳三十七

李霨……九六八五
孫廷銓……九六八六
杜立德……九六八八
馮溥……九六九〇
王熙……九六九三
弟 燕……九六九五
吳正治……九六九六
黃機……九六九七
宋德宜……九六九八
子 駿業……九七〇一
伊桑阿……九七〇一
子 伊都立……九七〇三
阿蘭泰……九七〇三
子 富寧安……九七〇四
徐元文……九七〇五
弟 秉義……九七〇八

卷二百五十一　列傳三十八

圖海……九七一一
李之芳……九七一五

卷二百五十二　列傳三十九

甘文焜……九七二一
子國璧……九七二三
范承謨……九七二三
子時崇……九七二五
馬雄鎮……九七二五
傅弘烈……九七二七

卷二百五十三　列傳四十

莫洛……九七二九
陳福……九七三〇
王之鼎……九七三二
費雅達……九七三三
李興元……九七三三
陳啓泰……九七三四
吳萬福……九七三五
陳丹赤……九七三六
馬琾……九七三七
葉映榴……九七三八

卷二百五十四　列傳四十一

賚塔……九七四一
穆占……九七四四
莽依圖……九七四七
覺羅舒恕……九七四九
勒貝……九七五〇
佛尼埒……九七五一
坤……九七五三
鄂泰……九七五四
吳丹……九七五四
畢力克圖……九七五五
噶爾漢……九七五七
阿密達……九七五八

鄂克濟哈……九七五九
覺羅吉哈里……九七六〇
拉哈達……九七六〇
察哈泰……九七六三
根特……九七六三
華善……九七六四
席卜臣……九七六四
希爾根……九七六五
卷二百五十五　列傳四十二
張勇……九七六九
趙良棟……九七七三
子弘燦……九七七七
弘燮……九七七七
王進寶……九七七八
子用予……九七八〇
王萬祥……九七八一
孫思克……九七八一
馬進良……九七八五
卷二百五十六　列傳四十三
蔡毓榮……九七八七
哈占……九七九一
杭愛……九七九三
鄂善……九七九四
華善……九七九四
董衞國……九七九五
佟國正……九七九七
周有德……九七九八
張德地……九八〇〇
伊闢……九八〇〇
王繼文……九八〇一

卷二百五十七 列傳四十四 〔三三册〕

趙國祚……九八〇三
許貞……九八〇四
周球……九八〇七
徐治都……九八〇七
胡世英……九八〇九
唐希順……九八一〇
李麟……九八一二
趙應奎……九八一三
趙賴……九八一五
李芳述……九八一五
陳世凱……九八一七
許占魁……九八一九

卷二百五十八 列傳四十五

希福……九八二一
珠滿……九八二三
瑪奇……九八二三
額赫訥……九八二四
洪世祿……九八二四
彰庫……九八二五
鄂克遜……九八二五
莽奕祿……九八二七
沙納哈……九八二七
偏圖……九八二八
瑚里布……九八三〇
達理善……九八三一
額楚……九八三二
穆成額……九八三三
額斯泰……九八三四
布舒庫……九八三五

塔勒岱……九八三五
瓦岱……九八三六
桑格……九八三七
伊巴罕……九八三八
沃申……九八三八
武穆篤……九八四〇
瑚圖……九八四一
瑪哈達……九八四三
傑殷……九八四三
弟傑都……九八四五
瓦爾喀……九八四五
卷二百五十九　列傳四十六
宜里布……九八四七
哈克三……九八四八
阿爾護……九八四九
路什……九八五〇
雅賚……九八五二
擴爾坤……九八五三
王承業……九八五三
王忠孝……九八五四
卷二百六十　列傳四十七
姚啓聖……九八五七
子儀鍾寶　韓大任……九八六一
吳興祚……九八六一
施琅……九八六四
朱天貴……九八六八
卷二百六十一　列傳四十八
楊捷……九八七一
石調聲……九八七三
萬正色……九八七三

吳英……九八七五
藍理……九八七七
黃梧……九八七九
子芳度……九八八〇
兄子芳世……九八八一
芳泰仕簡……九八八三
穆赫林……九八八四
段應舉……九八八五
卷二百六十二　列傳四十九
魏裔介……九八八七
熊賜履……九八九一
李光地光坡……九八九五
卷二百六十三　列傳五十
王弘祚……九九〇一
姚文然……九九〇三
魏象樞……九九〇五
朱之弼……九九〇九
趙申喬……九九一三
卷二百六十四　列傳五十一
郝維訥……九九一七
任克溥……九九一九
劉鴻儒……九九二三
劉楗……九九二四
朱裴……九九二六
張廷樞……九九二六
卷二百六十五　列傳五十二
湯斌……九九二九
孫之旭……九九三四
陸隴其……九九三四
張伯行……九九三六

子師載……九九四〇
卷二百六十六　列傳五十三
葉方藹……九九四三
沈荃 宗敬……九九四四
勵杜訥……九九四六
子廷儀……九九四七
廷儀子宗萬……九九四七
徐元珙……九九四八
許三禮……九九五〇
王士禎……九九五二
韓菼……九九五四
湯右曾……九九五六
卷二百六十七　列傳五十四
張玉書……九九五九
李天馥……九九六二
吳琠……九九六三
張英……九九六五
子廷瓚……九九六六
廷璐……九九六六
廷瑑……九九六六
陳廷敬……九九六七
溫達……九九六九
穆和倫……九九七〇
蕭永藻……九九七一
嵩祝……九九七二
王頊齡……九九七三
卷二百六十八　列傳五十五
米思翰 哈什屯……九九七五
子李榮保……九九七七
顧八代……九九七七

瑪爾漢……九九七九
田六善……九九八〇
杜臻……九九八四
薩穆哈……九九八五
卷二百六十九　列傳五十六
索額圖……九九八九
明珠……九九九二
余國柱……九九九四
佛倫……九九九五
卷二百七十　列傳五十七
郝浴……九九九七
子林……一〇〇〇〇
楊素蘊……一〇〇〇〇
郭琇……一〇〇〇三
卷二百七十一　列傳五十八
徐乾學……一〇〇〇七
翁叔元……一〇〇一〇
王鴻緒……一〇〇一一
高士奇……一〇〇一四
卷二百七十二　列傳五十九
湯若望……一〇〇一九
楊光先……一〇〇二三
南懷仁……一〇〇二四
卷二百七十三　列傳六十
李率泰……一〇〇二七
趙廷臣……一〇〇三〇
袁懋功……一〇〇三三
徐旭齡……一〇〇三三
郎廷佐……一〇〇三三
弟廷相……一〇〇三五

郎永清……一〇〇三五
永清子廷極……一〇〇三六
佟鳳彩……一〇〇三六
麻勒吉……一〇〇三八
阿席熙……一〇〇四一
瑪祜……一〇〇四一
施維翰……一〇〇四三

卷二百七十四　列傳六十一

楊雍建……一〇〇四五
姚締虞……一〇〇四七
朱弘祚……一〇〇四九
子綱……一〇〇五〇
王騭……一〇〇五一
宋犖……一〇〇五三
陳詵……一〇〇五四

卷二百七十五　列傳六十二

格爾古德……一〇〇五七
金世德……一〇〇五九
趙士麟……一〇〇五九
郭世隆……一〇〇六〇
傅臘塔……一〇〇六二
馬如龍……一〇〇六四

卷二百七十六　列傳六十三

石琳……一〇〇六七
兄子文晟……一〇〇六九
徐潮……一〇〇六九
子杞……一〇〇七一
貝和諾……一〇〇七一
子馬喇……一〇〇七二
陶岱……一〇〇七三

博霽……一〇〇七三
覺羅華顯……一〇〇七四
蔣陳錫……一〇〇七四
子漣……一〇〇七五
泂……一〇〇七五
劉蔭樞……一〇〇七六
音泰……一〇〇七八
鄂海……一〇〇七九
衞既齊……一〇〇八一
卷二百七十七　列傳六十四
于成龍……一〇〇八三
孫準……一〇〇八七
彭鵬……一〇〇八七
陳瓚……一〇〇九一
陳鵬年……一〇〇九三
施世綸……一〇〇九五
卷二百七十八　列傳六十五
慕天顏……一〇〇九九
阿山……一〇一〇三
噶禮……一〇一〇四
卷二百七十九　列傳六十六　〔三四册〕
楊方興……一〇一〇九
朱之錫……一〇一一一
崔維雅……一〇一一三
靳輔……一〇一一四
陳潢……一〇一二三
宋文運……一〇一二三
董訥……一〇一二三
熊一瀟……一〇一二四
于成龍……一〇一二四

孫在豐……一〇二二七
開音布……一〇二二七
張鵬翮……一〇二二八

卷二百八十　列傳六十七

郎坦……一〇二三三
朋春……一〇二三六
薩布素……一〇二三七
瑪拉……一〇二四〇

卷二百八十一　列傳六十八

費揚古……一〇二四三
滿丕……一〇二四七
碩岱……一〇二四八
素丹……一〇二四九
馬斯喀……一〇二四九
佟國綱……一〇二五〇
邁圖……一〇二五一
格斯泰……一〇二五二
阿南達……一〇二五三
子阿喇納……一〇二五五
吉勒塔布……一〇二五六
殷化行……一〇二五七
潘育龍……一〇二六〇
孫紹周……一〇二六一
從孫之善……一〇二六一
額倫特……一〇二六二
康泰……一〇二六四
泰弟海……一〇二六四

卷二百八十二　列傳六十九

姜希轍……一〇二六五
余縉……一〇二六七

德格勒……………………………………一〇二六八
陳紫芝……………………………………一〇二六九
笪重光……………………………………一〇二七〇
任弘嘉……………………………………一〇二七〇
高層雲……………………………………一〇二七二
沈愷曾……………………………………一〇二七二
龔翔麟……………………………………一〇二七三
高遐昌……………………………………一〇二七五
卷二百八十三　列傳七十
覺羅武默訥……………………………一〇二七七
舒蘭………………………………………一〇二七九
拉錫………………………………………一〇二八一
拉錫子旺札爾……………………………一〇二八一
旺札爾子博靈阿…………………………一〇二八一
圖理琛……………………………………一〇二八二
何國宗……………………………………一〇二八四
卷二百八十四　列傳七十一
覺羅滿保…………………………………一〇二八七
陳策………………………………………一〇二八九
施世驃……………………………………一〇二八九
藍廷珍……………………………………一〇二九一
族弟鼎元…………………………………一〇二九二
林亮………………………………………一〇二九三
何勉………………………………………一〇二九四
陳倫炯……………………………………一〇二九四
歐陽凱……………………………………一〇二九五
羅萬倉……………………………………一〇二九六
游崇功……………………………………一〇二九六
卷二百八十五　列傳七十二
王紫綬……………………………………一〇二九九

袁州佐……一〇三〇〇
黎士弘……一〇三〇一
多弘安……一〇三〇三
佟國聘……一〇三〇四
王繻……一〇三〇四
田呈瑞……一〇三〇五
張孟球……一〇三〇六

卷二百八十六　列傳七十三

王掞……一〇三〇九
子奕清……一〇三一一
奕鴻……一〇三一三
勞之辨……一〇三一三
朱天保……一〇三一三
陶彝……一〇三一五
任坪……一〇三一五
范長發……一〇三一五
鄒圖雲……一〇三一六
陳嘉猷……一〇三一六
王允晉……一〇三一六
李允符……一〇三一六
范允鋕……一〇三一六
高玢……一〇三一六
高怡……一〇三一六
趙成穮……一〇三一七
孫紹曾……一〇三一七
邵璿……一〇三一七

卷二百八十七　列傳七十四

佟國維……一〇三一九
馬齊……一〇三二一
子富良……一〇三二三

弟馬武……一〇二二三
馬武子保祝……一〇二二三
阿靈阿……一〇二二四
子阿爾松阿……一〇二二四
揆敍……一〇二二五
鄂倫岱……一〇二二五

卷二百八十八　列傳七十五

鄂爾泰……一〇二二九
弟鄂爾奇……一〇二三六
子鄂弼……一〇二三六
鄂寧……一〇二三六
張廷玉……一〇二三七
子若靄……一〇二四〇
若澄……一〇二四一
若渟……一〇二四一
從子若淮……一〇二四一

卷二百八十九　列傳七十六

朱軾……一〇二四三
徐元夢……一〇二四七
蔣廷錫……一〇二五〇
子溥……一〇二五二
邁柱……一〇二五三
白潢……一〇二五六
趙國麟……一〇二五七
田從典……一〇二五九
子懋……一〇二六〇
高其位……一〇二六〇
遜柱……一〇二六一
尹泰……一〇二六二
陳元龍……一〇二六三

卷二百九十　列傳七十七

楊名時……一〇二六五
黃叔琳……一〇二六八
子登賢……一〇二六九
方苞方舟……一〇二七〇
王蘭生……一〇二七二
留保……一〇二七四
胡煦……一〇二七四
魏廷珍……一〇二七五
任蘭枝……一〇二七七
蔡世遠長澐……一〇二七七
沈近思……一〇二七九
雷鋐……一〇二八一

卷二百九十一　列傳七十八

海望……一〇二八三
三和……一〇二八五
莽鵠立……一〇二八六
杭奕祿……一〇二八七
傅鼐……一〇二九〇
陳儀……一〇二九二
劉師恕……一〇二九四
焦祈年……一〇二九五
李徽……一〇二九五
王國棟……一〇二九六
許容……一〇二九七
蔡仕舢……一〇二九九

卷二百九十二　列傳七十九

高其倬……一〇三〇一
金鉷……一〇三〇四
楊宗仁……一〇三〇五

子文乾……一〇三〇六
孔毓珣……一〇三〇九
裴𢚩度……一〇三一一
子宗錫……一〇三一三
唐執玉……一〇三一五
楊永斌……一〇三一七
卷二百九十三　列傳八十
李紱……一〇三二一
蔡珽……一〇三二五
謝濟世……一〇三二七
陳學海……一〇三三一
卷二百九十四　列傳八十一
李衞……一〇三三三
田文鏡……一〇三三七
憲德……一〇三四〇
諾岷……一〇三四三
陳時夏……一〇三四五
王士俊……一〇三四七
卷二百九十五　列傳八十二
隆科多……一〇三五三
年羹堯年希堯……一〇三五五
胡期恆……一〇三六五
卷二百九十六　列傳八十三
岳鍾琪……一〇三六七
季父超龍……一〇三七七
超龍子鍾璜……一〇三七七
鍾琪子濬……一〇三七七
策棱……一〇三七八
子成袞扎布拉旺多爾濟……一〇三八二
車布登扎布……一〇三八三

卷二百九十七　列傳八十四
查郎阿……一〇三八七
傅爾丹……一〇三八九
馬爾賽……一〇三九三
李杕……一〇三九五
慶復……一〇三九五
李質粹……一〇三九八
張廣泗……一〇三九八
卷二百九十八　列傳八十五
噶爾弼……一〇四〇三
法喇……一〇四〇四
查克丹……一〇四〇五
欽拜……一〇四〇六
常賚……一〇四〇七
哈元生……一〇四〇八
子尙德……一〇四〇九
董芳……一〇四一〇
查弼納……一〇四一一
達福……一〇四一三
定壽……一〇四一三
素圖……一〇四一四
卷二百九十九　列傳八十六
馬會伯……一〇四一七
從兄際伯……一〇四一八
際伯弟見伯……一〇四一九
覲伯……一〇四一九
路振揚……一〇四二〇
韓良輔……一〇四二一
弟良卿……一〇四二三
子勳……一〇四二三

楊天縱……一〇四二四
王郡……一〇四二六
宋愛……一〇四二七
卷三百 列傳八十七
沈起元……一〇四三一
何師儉……一〇四三三
唐繼祖……一〇四三四
馬維翰……一〇四三五
余甸……一〇四三六
王葉滋……一〇四三八
劉而位……一〇四三九
卷三百一 列傳八十八 〔三五册〕
訥親……一〇四四一
傅恆……一〇四四五
子福靈安……一〇四五一
福隆安……一〇四五三
福隆安子豐紳濟倫……一〇四五三
傅恆子福長安……一〇四五三
卷三百二 列傳八十九
徐本……一〇四五五
汪由敦……一〇四五六
子承霈……一〇四五八
來保……一〇四五九
劉綸……一〇四六一
子躍雲……一〇四六三
劉統勳……一〇四六三
子墉……一〇四六七
孫鐶之……一〇四六八
卷三百三 列傳九十
福敏……一〇四七一

陳世倌……一〇四七三
史貽直……一〇四七四
阿克敦……一〇四七七
孫嘉淦……一〇四八一
梁詩正……一〇四九〇

卷三百四　列傳九十一

張照……一〇四九三
甘汝來……一〇四九五
陳悳華……一〇四九七
王安國……一〇四九八
劉吳龍……一〇四九九
楊汝穀……一〇五〇〇
張泰開……一〇五〇一
秦蕙田……一〇五〇一
彭啓豐……一〇五〇三
夢麟……一〇五〇四

卷三百五　列傳九十二

錢陳羣……一〇五〇七
子汝誠……一〇五一〇
汝誠子臻……一〇五一〇
沈德潛……一〇五一一
金德瑛……一〇五一三
錢載……一〇五一四
齊召南……一〇五一六
陳兆崙……一〇五一七
兆崙孫桂生……一〇五一七
董邦達……一〇五一八
錢維城……一〇五一九
鄒一桂……一〇五二〇
謝墉……一〇五二一

金甡……一〇五二二
莊存與……一〇五二二
劉星煒……一〇五二三
王昶……一〇五二三

卷三百六　列傳九十三

曹一士……一〇五二五
李愼修……一〇五二九
李元直……一〇五三〇
陳法……一〇五三一
胡定……一〇五三一
仲永檀……一〇五三二
柴潮生……一〇五三五
儲麟趾……一〇五四一

卷三百七　列傳九十四

尹繼善……一〇五四五
劉於義……一〇五四九
陳大受……一〇五五二
張允隨……一〇五五五
陳宏謀……一〇五五八

卷三百八　列傳九十五

那蘇圖……一〇五六五
楊超曾……一〇五六七
徐士林……一〇五六九
邵基……一〇五七二
王師……一〇五七三
尹會一……一〇五七三
王恕　王汝璧……一〇五七六
方顯……一〇五七九
子桂……一〇五八二
馮光裕……一〇五八三

楊錫紱……一〇五八四
潘思榘……一〇五八八
胡寶瑔……一〇五九一
卷三百九　列傳九十六
崔紀……一〇五九五
喀爾吉善……一〇五九七
子定長……一〇六〇〇
孫鄂雲布……一〇六〇〇
雅爾圖……一〇六〇一
晏斯盛……一〇六〇三
瑚寶……一〇六〇五
衞哲治……一〇六〇六
蘇昌……一〇六〇七
鶴年……一〇六〇九
吳達善……一〇六一一
崔應階……一〇六一二
王檢……一〇六一三
吳士功……一〇六一五
卷三百十　列傳九十七
齊蘇勒……一〇六一九
嵇曾筠……一〇六二三
子璜……一〇六二六
高斌……一〇六二九
從子高晉……一〇六三四
完顏偉……一〇六三六
顧琮……一〇六三七
白鍾山……一〇六三九
卷三百十一　列傳九十八
哈攀龍……一〇六四三
子國興……一〇六四四

任舉……一〇六四六
冶大雄……一〇六四八
馬良柱……一〇六五〇
本進忠……一〇六五一
劉順……一〇六五三
卷三百十二　列傳九十九
傅清……一〇六五五
拉布敦……一〇六五七
班第……一〇六五九
子巴祿……一〇六六二
鄂容安……一〇六六二
納穆札爾……一〇六六五
三泰……一〇六六七
卷三百十三　列傳一百
兆惠……一〇六六九
阿里袞……一〇六七五
子豐昇額……一〇六七九
布彥達賚……一〇六八一
舒赫德……一〇六八三
子舒常……一〇六八六
卷三百十四　列傳一百一
策楞……一〇六八九
子特通額……一〇六九一
特清額……一〇六九一
特成額……一〇六九二
玉保……一〇六九二
達爾黨阿……一〇六九四
哈達哈……一〇六九六
子哈寧阿……一〇六九七
永常……一〇六九七

覺羅雅爾哈善……一〇六九九
富德……一〇七〇二
薩賴爾……一〇七〇四

卷三百十五　列傳一百二

高天喜……一〇七〇九
鄂實……一〇七一〇
三格……一〇七一〇
和起……一〇七一一
唐喀祿……一〇七一二
阿敏道……一〇七一三
滿福……一〇七一五
豆斌……一〇七一五
端濟布……一〇七一六
諾爾本……一〇七一七

卷三百十六　列傳一百三

瑚爾起……一〇七一九
愛隆阿……一〇七二一
弟巴靈阿……一〇七二三
舒明……一〇七二三
福祿……一〇七二三
齊里克齊……一〇七二四
閻相師……一〇七二五
伊柱……一〇七二五
努三……一〇七二六
烏勒登……一〇七二七

卷三百十七　列傳一百四

王無黨……一〇七二九
吳進義……一〇七三〇
譚行義……一〇七三一
李勳……一〇七三二

樊廷……一〇七三二

武進陞……一〇七三三

馬負書……一〇七三四

范毓䭬……一〇七三四

卷三百十八　列傳一百五

阿桂……一〇七三七

子阿迪斯……一〇七四七

阿必達……一〇七四七

卷三百十九　列傳一百六

于敏中……一〇七四九

和珅豐紳殷德……一〇七五三

弟和琳……一〇七五八

蘇凌阿……一〇七五九

卷三百二十

列傳一百七　【三六册】

三寶……一〇七六一

永貴……一〇七六二

蔡新……一〇七六五

程景伊……一〇七六六

梁國治……一〇七六七

英廉……一〇七六八

彭元瑞……一〇七六九

紀昀……一〇七七〇

陸錫熊……一〇七七一

陸費墀……一〇七七二

卷三百二十一　列傳一百八

裘曰修……一〇七七三

吳紹詩……一〇七七七

子垣……一〇七七八

壇……一〇七七九

閻循琦……一〇七七九
王際華……一〇七八〇
曹秀先……一〇七八一
周煌……一〇七八二
子興岱……一〇七八三
曹文埴……一〇七八四
杜玉林……一〇七八五
王士棻……一〇七八六
金簡……一〇七八七
子縕布……一〇七八八

卷三百二十二　列傳一百九

竇光鼐……一〇七九一
李漱芳……一〇七九四
范宜賓……一〇七九四
曹錫寶……一〇七九五
謝振定……一〇七九六
錢澧……一〇七九七
尹壯圖……一〇七九九

卷三百二十三　列傳一百十

黃廷桂……一〇八〇三
鄂彌達……一〇八〇八
楊廷璋……一〇八一〇
莊有恭……一〇八一三
李侍堯……一〇八一七
弟奉堯……一〇八二三
伍彌泰……一〇八二三
官保……一〇八二四

卷三百二十四　列傳一百十一

方觀承……一〇八二五
富明安……一〇八三一

周元理……一〇八三三
李湖……一〇八三五
李瀚……一〇八三六
李世傑……一〇八三六
袁守侗……一〇八四〇
鄭大進……一〇八四一
劉峨……一〇八四三
陸燿……一〇八四五
管幹貞……一〇八四六
蔣兆奎……一〇八四八
胡季堂……一〇八五〇
卷三百二十五　列傳一百十二
李清時……一〇八五三
姚立德……一〇八五五
李宏……一〇八五六
子奉翰……一〇八五七
奉翰子亨特……一〇八五九
何烜……一〇八六〇
子裕城……一〇八六一
吳嗣爵……一〇八六三
薩載……一〇八六四
蘭第錫……一〇八六八
韓鑅……一〇八七〇
卷三百二十六　列傳一百十三
開泰……一〇八七三
阿爾泰……一〇八七五
桂林……一〇八七八
溫福……一〇八八〇
卷三百二十七　列傳一百十四
劉藻……一〇八八三

楊應琚……一〇八八五
子重英……一〇八八七
蘇爾相……一〇八八七
明瑞 惠倫……一〇八八八

卷三百二十八 列傳一百十五

常青……一〇八九三
藍元枚……一〇八九六
蔡攀龍……一〇八九七
梁朝桂……一〇八九八
普吉保……一〇八九九
丁朝雄……一〇九〇〇
鄂輝……一〇九〇一
舒亮……一〇九〇二

卷三百二十九 列傳一百十六

宋元俊……一〇九〇五
薛琮……一〇九〇八
張芝元……一〇九〇九
董天弼……一〇九一〇
柴大紀……一〇九一三

卷三百三十 列傳一百十七

福康安……一〇九一七
孫士毅……一〇九二四
明亮……一〇九二八

卷三百三十一 列傳一百十八

海蘭察……一〇九三五
子安祿……一〇九四三
奎林……一〇九四四
珠勒格德……一〇九四六
和隆武……一〇九四七
額森特……一〇九四八

普爾普……一〇九五一
卷三百三十二　列傳一百十九
富勒渾……一〇九五五
文綬……一〇九五八
劉秉恬……一〇九六〇
查禮……一〇九六三
鄂寶……一〇九六四
顏希深……一〇九六五
徐績……一〇九六六
覺羅圖思德……一〇九六七
彰寶……一〇九六八
徐嗣曾……一〇九六九
陳步瀛……一〇九七〇
孫永清……一〇九七二
郭世勳……一〇九七四
畢沅……一〇九七六
卷三百三十三　列傳一百二十
五岱……一〇九七九
五福……一〇九八一
海祿……一〇九八二
成德……一〇九八五
馬彪……一〇九八七
常青……一〇九八八
官達色……一〇九八九
烏什哈達……一〇九九一
瑚尼勒圖……一〇九九二
敖成……一〇九九三
圖欽保……一〇九九四
木塔爾……一〇九九五
岱森保……一〇九九七

翁果爾海……一〇九九八
珠爾杭阿……一〇九九九
哲森保……一一〇〇〇

卷三百三十四　列傳一百二十一
馬全……一一〇〇三
牛天畀……一一〇〇四
阿爾素納……一一〇〇五
張大經……一一〇〇五
曹順……一一〇〇六
敦住……一一〇〇七
烏爾納……一一〇〇七
科瑪……一一〇〇八
佛倫泰……一一〇〇八
達蘭泰……一一〇〇八
薩爾吉岱……一一〇〇九
常祿保……一一〇〇九
瑪爾占……一一〇一〇
庫勒德……一一〇一一
穆哈納……一一〇一一
國興……一一〇一一
巴西薩……一一〇一一
扎拉豐阿……一一〇一三
觀音保……一一〇一三
李全……一一〇一三
王玉廷……一一〇一三
珠魯訥……一一〇一三
許世亨……一一〇一三
子文謨……一一〇一六
尚維昇……一一〇一七
張朝龍……一一〇一七

李化龍……一一〇一八
邢敦行……一一〇一八
台斐英阿……一一〇一九
阿滿泰……一一〇二〇
花連布……一一〇二一
明安圖……一一〇二三
卷三百三十五　列傳一百二十二
富僧阿……一一〇二五
伊勒圖……一一〇二六
胡貴……一一〇二八
俞金鼇……一一〇二九
尹德禧……一一〇三〇
剛塔……一一〇三〇
卷三百三十六　列傳一百二十三
葉士寬……一一〇三三
陳夢說……一一〇三四
介錫周……一一〇三五
方浩……一一〇三六
金溶……一一〇三七
張維寅……一一〇三八
顧光旭……一一〇三九
沈善富……一一〇四一
方昂……一一〇四二
唐侍陛……一一〇四三
張沖之……一一〇四四
卷三百三十七　列傳一百二十四
盧焯……一一〇四七
圖爾炳阿……一一〇四九
阿思哈……一一〇五〇
宮兆麟……一一〇五三

楊景素……一一〇五三
閔鶚元……一一〇五四

卷三百三十八　列傳一百二十五

塞楞額……一一〇五七
周學健……一一〇五八
鄂昌……一一〇五九
鄂樂舜……一一〇六〇
彭家屏……一一〇六一
李因培……一一〇六三
常安……一一〇六四
福崧……一一〇六七

卷三百三十九　列傳一百二十六

恆文……一一〇六九
郭一裕……一一〇七〇
蔣洲……一一〇七〇
楊灝……一一〇七一
高恆……一一〇七一
子高樸……一一〇七三
王亶望……一一〇七三
勒爾謹……一一〇七五
陳輝祖……一一〇七六
鄭源璹……一一〇七七
國泰……一一〇七七
郝碩……一一〇七八
良卿……一一〇七九
方世儁……一一〇八〇
錢度……一一〇八〇
覺羅伍拉納……一一〇八一
浦霖……一一〇八四

卷三百四十

列傳一百二十七 〔三七册〕
王杰……一〇八五
董誥……一〇八九
朱珪……一〇九一
卷三百四十一 列傳一百二十八
慶桂……一〇九五
劉權之……一〇九六
戴衢亨……一〇九八
戴均元……一一〇〇
托津……一一〇三
章煦……一一〇五
盧蔭溥……一一〇七
卷三百四十二 列傳一百二十九
保寧……一一一一
松筠……一一一三

子熙昌……一一一八
富俊……一一一九
賽心傳……一一二三
博啓圖……一一二三
卷三百四十三 列傳一百三十
書麟……一一二五
弟廣厚……一一二七
覺羅吉慶……一一二七
覺羅長麟……一一二九
費淳……一一三一
百齡……一一三三
伯麟……一一三五
卷三百四十四 列傳一百三十一
勒保……一一三九
額勒登保……一一四六

胡時顯……一一五四
德楞泰……一一五五
卷三百四十五　列傳一百三十二
永保……一一六三
惠齡……一一六六
宜緜……一一六八
子瑚素通阿……一一七三
英善……一一七三
福寧……一一七四
景安……一一七五
秦承恩……一一七七
卷三百四十六　列傳一百三十三
恆瑞……一一八一
慶成……一一八四
七十五……一一八七
富志那……一一八九
亮祿……一一九〇
卷三百四十七　列傳一百三十四
楊遇春……一一九三
子國楨……一一九八
吳廷剛……一一九八
祝廷彪……一二〇〇
游棟雲……一二〇〇
羅思舉……一二〇三
桂涵……一二〇六
包相卿……一二〇七
卷三百四十八　列傳一百三十五
賽沖阿……一二〇九
溫春……一二一三
色爾滾……一二一四

蘇爾愼……一一二一五

阿哈保……一一二一六

綸布春……一一二一七

格布舍……一一二一八

札克塔爾……一一二二〇

桑吉斯塔爾……一一二二一

馬瑜……一一二二三

蒲尙佐……一一二二四

薛大烈……一一二二五

羅聲皋……一一二二七

薛陞……一一二二八

卷三百四十九　列傳一百三十六

王文雄……一一二三一

朱射斗……一一二三三

子樹……一一二三五

穆克登布……一一二三五

富成……一一二三七

穆維……一一二三八

施縉……一一二三九

李紹祖……一一二四〇

宋延清……一一二四一

袁國璜……一一二四二

何元卿……一一二四三

諸神保……一一二四三

達三泰……一一二四三

德齡……一一二四四

保興……一一二四四

凝德……一一二四五

多爾濟扎布……一一二四五

王凱……一一二四五

卷三百五十　列傳一百三十七

卷三百五十一　列傳一百三十八

卷三百五十二　列傳一百三十九

金光悌……一一二七三
祖之望……一一二七四
韓崶……一一二七五
卷三百五十三　列傳一百四十
達椿……一一二七九
子薩彬圖……一一二八〇
鐵保……一一二八〇
弟玉保……一一二八三
和瑛……一一二八三
覺羅桂芳……一一二八四
卷三百五十四　列傳一百四十一
萬承風……一一二八九
周系英……一一二九〇
錢樾……一一二九一
秦瀛……一一二九二
李宗瀚……一一二九四
韓鼎晉……一一二九四
朱方增……一一二九六
卷三百五十五　列傳一百四十二
魁倫……一一二九九
廣興……一一三〇一
初彭齡……一一三〇二
卷三百五十六　列傳一百四十三
洪亮吉……一一三〇七
管世銘……一一三一五
谷際岐……一一三一五
李仲昭……一一三一八
石承藻……一一三一九
卷三百五十七　列傳一百四十四
吳熊光……一一三二一

汪志伊……一一三三五
陳大文……一一三三七
熊枚……一一三三九
裘行簡……一一三四一
方維甸……一一三四三
董教增……一一三四四

卷三百五十八　列傳一百四十五

馮光熊……一一三四七
陸有仁……一一三四九
覺羅琅玕……一一三五一
烏大經……一一三五三
清安泰……一一三五三
常明……一一三五五
溫承惠……一一三五七
顏檢……一一三五九

卷三百五十九　列傳一百四十六

岳起……一一三六三
荊道乾……一一三六五
謝啓昆……一一三六六
李殿圖……一一三六九
張師誠……一一三七〇
王紹蘭……一一三七一
李奕疇……一一三七二
錢楷……一一三七三
和舜武……一一三七五

卷三百六十　列傳一百四十七

司馬騊……一一三七七
王秉韜……一一三七八
嵇承志……一一三七九
康基田……一一三七九

吳璥……一二三七一
徐端……一二三七四
陳鳳翔……一二三七六
黎世序……一二三七八
卷三百六十一　列傳一百四十八
劉清……一二三八三
傅鼐……一二三八六
嚴如熤……一二三九〇
子正基……一二三九三
卷三百六十二　列傳一百四十九
方積……一二三九五
朱爾漢……一二三九六
楊頀……一二三九七
廖寅廖思芳……一二三九八
陳昌齊……一二三九九
朱爾賡額……一二四〇〇
查崇華……一二四〇三
卷三百六十三
列傳一百五十
〔三八册〕
曹振鏞……一二四〇五
文孚……一二四〇七
英和……一二四〇九
王鼎……一二四一三
穆彰阿……一二四一五
潘世恩……一二四一八
卷三百六十四　列傳一百五十一
阮元……一二四二一
汪廷珍……一二四二四
湯金釗……一二四二六
卷三百六十五　列傳一百五十二

覺羅寶興……一一四三一
宗室敬徵……一一四三四
宗室禧恩……一一四三六
陳官俊……一一四三八
卓秉恬……一一四三九
卷三百六十六　列傳一百五十三
孫玉庭……一一四四三
蔣攸銛……一一四四六
李鴻賓……一一四四九
卷三百六十七　列傳一百五十四
長齡……一一四五三
那彥成……一一四五八
　子容安……一一四六二
　容照……一一四六二
玉麟……一一四六三
特依順保……一一四六五
卷三百六十八　列傳一百五十五
楊芳……一一四六七
胡超……一一四七二
齊慎……一一四七三
郭繼昌……一一四七四
段永福……一一四七五
武隆阿……一一四七五
哈哴阿……一一四七八
巴哈布……一一四七九
長清……一一四七九
達淩阿……一一四八一
哈豐阿……一一四八三
慶祥……一一四八三
舒爾哈善……一一四八四

烏淩阿……一二四八四
穆克登布……一二四八四
多隆武……一二四八四
壁昌……一二四八五
恆敬……一二四八七

卷三百六十九　列傳一百五十六
林則徐……一二四八九
鄧廷楨……一二四九四
達洪阿……一二四九七

卷三百七十　列傳一百五十七
琦善……一二四九九
伊里布……一二五〇三
宗室耆英……一二五〇五

卷三百七十一　列傳一百五十八
顏伯燾……一二五〇九

怡良……一二五一一
祁𡎴……一二五一三
黃恩彤……一二五一五
劉韻珂……一二五一六
牛鑑……一二五一九

卷三百七十二　列傳一百五十九
裕謙……一二五二三
謝朝恩……一二五二六
重祥……一二五二六
關天培……一二五二六
陳連陞……一二五二八
祥福……一二五二九
江繼芸……一二五二九
陳化成……一二五二九
海齡……一二五三一

葛雲飛……一二五三一
王錫朋……一二五三三
鄭國鴻……一二五三三
朱貴阿木穰 哈克里……一二五三四

卷三百七十三 列傳一百六十
宗室奕山……一二五三七
隆文……一二五四〇
宗室奕經……一二五四〇
文蔚……一二五四三
特依順……一二五四三
余步雲……一二五四四

卷三百七十四 列傳一百六十一
姚文田……一二五四七
戴敦元……一二五五一
朱士彥……一二五五二
何淩漢……一二五五四
李振祜……一二五五六
宗室恩桂……一二五五八

卷三百七十五 列傳一百六十二
白鎔……一二五六一
孫桓……一二五六二
史致儼……一二五六二
那清安……一二五六三
昇寅……一二五六四
李宗昉……一二五六五
姚元之……一二五六六
何汝霖……一二五六七
季芝昌……一二五六八

卷三百七十六 列傳一百六十三
辛從益……一二五七一

張鱗……一二五七三
顧皋……一二五七四
沈維鐈……一二五七四
朱爲弼……一二五七五
程恩澤……一二五七六
吳傑……一二五七七
卷三百七十七　列傳一百六十四
鮑桂星……一二五七九
顧蒓……一二五八〇
吳孝銘……一二五八二
陳鴻……一二五八二
鄂木順額……一二五八四
徐法績……一二五八四
卷三百七十八　列傳一百六十五
黃爵滋……一二五八七
金應麟……一二五九〇
陳慶鏞……一二五九一
蘇廷魁……一二五九三
朱琦……一二五九五
卷三百七十九　列傳一百六十六
趙愼畛……一二五九九
盧坤……一二六〇一
曾勝……一二六〇四
陶澍……一二六〇五
卷三百八十　列傳一百六十七
陳若霖……一二六〇九
戴三錫……一二六一一
孫爾準……一二六一三
程祖洛……一二六一四
馬濟勝……一二六一五

裕泰……一一六一六
賀長齡……一一六一八
卷三百八十一　列傳一百六十八
帥承瀛……一一六二一
孫遠燡……一一六二三
弟承瀚……一一六二三
左輔……一一六二三
姚祖同……一一六二四
程含章……一一六二六
康紹鏞……一一六二九
朱桂楨……一一六三一
陳鑾……一一六三二
吳其濬……一一六三三
張澧中……一一六三四
張日晸……一一六三五
卷三百八十二　列傳一百六十九
瑚松額……一一六三七
布彥泰……一一六三九
薩迎阿……一一六四一
卷三百八十三　列傳一百七十
張文浩……一一六四五
嚴烺……一一六四六
張井……一一六四九
吳邦慶……一一六五一
栗毓美……一一六五三
麟慶……一一六五七
潘錫恩……一一六五八
子駿文……一一六六一
卷三百八十四　列傳一百七十一
林培厚……一一六六三

李象鵾……一一六六四
李宗傳……一一六六四
王鳳生……一一六六五
黃冕……一一六六七
俞德淵……一一六六八
姚瑩……一一六六九

卷三百八十五　列傳一百七十二

杜受田……一一六七三
子翰……一一六七五
祁寯藻……一一六七五
子世長……一一六七九
翁心存……一一六七九
彭蘊章……一一六八二

卷三百八十六　列傳一百七十三

文慶……一一六八五
文祥……一一六八七
寶鋆……一一六九六

卷三百八十七　列傳一百七十四

宗室肅順……一一六九九
穆蔭……一一七〇二
匡源……一一七〇三
焦祐瀛……一一七〇三
陳孚恩……一一七〇三

卷三百八十八　列傳一百七十五

桂良……一一七〇七
瑞麟……一一七一〇
子懷塔布……一一七一一
官文……一一七一三
文煜……一一七一七

卷三百八十九　列傳一百七十六

柏葰……一一七一九
麟魁……一一七二一
瑞常……一一七二三
全慶……一一七二四
卷三百九十　列傳一百七十七
賈楨……一一七二七
周祖培……一一七三〇
朱鳳標……一一七三一
單懋謙……一一七三三
卷三百九十一　列傳一百七十八
倭仁……一一七三五
李棠階……一一七三八
吳廷棟……一一七四〇
卷三百九十二
列傳一百七十九　〔三九册〕
賽尚阿……一一七四五
訥爾經額……一一七四八
卷三百九十三　列傳一百八十
李星沅……一一七五一
周天爵……一一七五三
勞崇光……一一七五六
卷三百九十四　列傳一百八十一
徐廣縉……一一七六一
葉名琛……一一七六四
黃宗漢……一一七六六
卷三百九十五　列傳一百八十二
常大淳……一一七七一
雙福……一一七七二
王錦繡……一一七七三
常祿……一一七七三

王壽同……………………一一七七三
蔣文慶……………………一一七七三
陶恩培……………………一一七七五
多山……………………一一七七六
吉爾杭阿……………………一一七七七
劉存厚……………………一一七七九
繃闊……………………一一七七九
周兆熊……………………一一七七九
羅遵殿……………………一一七八〇
王友端……………………一一七八一
繆梓……………………一一七八一
徐有壬……………………一一七八二
王有齡……………………一一七八四
卷三百九十六　列傳一百八十三
吳文鎔……………………一一七八七
潘鐸……………………一一七八九
鄧爾恆……………………一一七九二
卷三百九十七　列傳一百八十四
陸建瀛……………………一一七九五
楊文定……………………一一七九八
青麐……………………一一七九八
崇綸……………………一一八〇〇
何桂清……………………一一八〇〇
卷三百九十八　列傳一百八十五
宗室祥厚……………………一一八〇五
霍隆武……………………一一八〇六
福珠洪阿……………………一一八〇七
恩長……………………一一八〇七
陳勝元……………………一一八〇七
祁宿藻……………………一一八〇八

陳克讓……一一八〇八
劉同纓……一一八〇九
瑞昌……一一八〇九
傑純……一一八一一
錫齡阿……一一八一一

卷三百九十九　列傳一百八十六

呂賢基……一一八一三
鄒鳴鶴……一一八一五
戴熙……一一八一六
湯貽汾……一一八一八
張芾……一一八一八
黃琮……一一八二〇
陶廷杰……一一八二一
馮培元……一一八二二
孫銘恩……一一八二三
沈炳垣……一一八二三
張錫庚……一一八二三

卷四百　列傳一百八十七

何桂珍……一一八二五
徐豐玉……一一八二七
張汝瀛……一一八二八
金雲門……一一八二八
唐樹義……一一八二八
岳興阿……一一八二九
易容之……一一八二九
溫紹原　夏定邦　王家幹……一一八二九
金光筯……一一八三一
李孟羣……一一八三三
趙景賢……一一八三五

卷四百一　列傳一百八十八

向榮……………………一一八三九
和春……………………一一八四四
張國樑……………………一一八四八

卷四百二　列傳一百八十九

烏蘭泰……………………一一八五一
長瑞……………………一一八五三
長壽……………………一一八五三
董光甲……………………一一八五四
邵鶴齡……………………一一八五四
鄧紹良……………………一一八五四
石玉龍……………………一一八五六
周天受……………………一一八五七
弟天培……………………一一八五八
天孚……………………一一八五九
饒廷選……………………一一八五九
文瑞……………………一一八六一
彭斯舉……………………一一八六一
張玉良……………………一一八六二
魯占鼇……………………一一八六三
劉季三……………………一一八六三
雙來……………………一一八六四
瞿騰龍……………………一一八六五
王國才……………………一一八六六
虎坤元……………………一一八六八
戴文英……………………一一八七〇

卷四百三　列傳一百九十

勝保……………………一一八七三
托明阿……………………一一八七九
陳金綬……………………一一八八一
德興阿……………………一一八八二

卷四百四　列傳一百九十一

僧格林沁……一一八八七
舒通額……一一八九九
恆齡……一一九〇〇
蘇克金……一一九〇二
何建鼇……一一九〇三
全順……一一九〇三
史榮椿……一一九〇三
樂善……一一九〇四

卷四百五　列傳一百九十二

曾國藩……一一九〇七

卷四百六　列傳一百九十三

駱秉章……一一九一九
胡林翼……一一九二七

卷四百七　列傳一百九十四

江忠源……一一九三七
弟忠濟……一一九四三
族弟忠信……一一九四四
羅澤南……一一九四五

卷四百八　列傳一百九十五

李續賓……一一九五一
丁銳義……一一九五五
曾國華……一一九五六
李續宜……一一九五七
王鑫……一一九五九
弟開化……一一九六三
劉騰鴻……一一九六三
弟騰鶴……一一九六五
蔣益澧……一一九六六

卷四百九　列傳一百九十六

塔齊布……一一九七一
畢金科……一一九七四
多隆阿……一一九七五
孫壽長……一一九八一
鮑超……一一九八一
宋國永……一一九八六
婁雲慶……一一九八七
譚勝達……一一九八七
唐仁廉……一一九八八
劉松山……一一九八九
卷四百十　列傳一百九十七
彭玉麐……一一九九五
楊岳斌……一二〇〇二
王明山……一二〇〇七
孫昌凱……一二〇〇七
楊明海……一二〇〇八
謝濬畬……一二〇〇八
卷四百十一　列傳一百九十八
李鴻章……一二〇一一
卷四百十二　列傳一百九十九
左宗棠……一二〇二三
卷四百十三　列傳二百
曾國荃……一二〇三七
弟貞幹……一二〇四二
沈葆楨……一二〇四三
劉坤一……一二〇四六
卷四百十四　列傳二百一
李臣典……一二〇五一
蕭孚泗……一二〇五三
朱洪章……一二〇五四

劉連捷……一三〇五六
彭毓橘……一三〇五七
張詩日……一三〇五八
伍維壽……一三〇五八
朱南桂……一三〇五九
羅逢元……一三〇五九
李祥和……一三〇五九
蕭慶衍……一三〇六〇
吳宗國……一三〇六〇
卷四百十五　列傳二百二　〔四〇册〕
黃翼升……一三〇六一
丁義方……一三〇六五
王吉……一三〇六六
吳家榜……一三〇六六
李成謀……一三〇六七
李朝斌……一三〇六八
江福山……一三〇七〇
劉培元……一三〇七一
卷四百十六　列傳二百三
程學啓……一三〇七三
何安泰……一三〇七六
鄭國魁……一三〇七六
劉銘傳……一三〇七七
張樹珊……一三〇八〇
弟樹屏……一三〇八一
周盛波……一三〇八二
周盛傳……一三〇八四
潘鼎新……一三〇八六
吳長慶……一三〇八九
卷四百十七　列傳二百四

都興阿……一二〇九三
弟西淩阿……一二〇九七
福興……一二〇九八
富明阿……一二〇九九
舒保……一二一〇一
伊興額……一二一〇三
滕家勝……一二一〇六
關保……一二一〇六

卷四百十八　列傳二百五

袁甲三……一二一〇九
子保恆……一二一一五
毛昶熙……一二一一七

卷四百十九　列傳二百六

劉長佑……一二一二三
劉嶽昭……一二一二九

岑毓英……一二一三三
弟毓寶……一二一三八

卷四百二十　列傳二百七

韓超……一二一三九
田興恕……一二一四三
曾璧光……一二一四四
席寶田……一二一四五

卷四百二十一　列傳二百八

沈兆霖……一二一四九
曹毓瑛……一二一五一
許乃普 許彭壽……一二一五三
趙光……一二一五五
朱嶟……一二一五七
李菡……一二一六〇
張祥河……一二一六二

羅惇衍……一三二六三
鄭敦謹……一三二六五
龐鍾璐……一三二六七

卷四百二十二　列傳二百九

王茂蔭……一三二七一
宋晉……一三二七六
袁希祖……一三二七八
文瑞……一三二八〇
毓祿……一三二八一
徐繼畬……一三二八三
王發桂……一三二八六
廉兆綸……一三二八八
雷以諴……一三二九一
陶樑……一三二九三
吳存義……一三二九三
殷兆鏞……一三二九四

卷四百二十三　列傳二百十

宗稷辰……一三二九九
尹耕雲……一三三〇一
王拯……一三三〇四
穆緝香阿……一三三〇七
游百川……一三三〇八
沈淮……一三三一〇

卷四百二十四　列傳二百十一

吳振棫……一三三一一
張亮基……一三三一三
毛鴻賓……一三三一七
張凱嵩……一三三一八

卷四百二十五　列傳二百十二

李僡……一三三二一

吳棠……一二二二三
英翰……一二二二四
劉蓉……一二二二七
喬松年……一二二二九
錢鼎銘……一二二三一
吳元炳……一二二三三
卷四百二十六　列傳二百十三
王慶雲……一二二三五
譚廷襄……一二二四〇
馬新貽……一二二四一
李宗羲……一二二四四
徐宗幹……一二二四八
王凱泰……一二二五〇
郭柏蔭……一二二五三
卷四百二十七　列傳二百十四
王懿德……一二二五五
曾望顏……一二二五七
覺羅耆齡……一二二五九
福濟……一二二六〇
翁同書……一二二六二
嚴樹森……一二二六五
卷四百二十八　列傳二百十五
秦定三……一二二六九
郝光甲……一二二七一
鄭魁士……一二二七一
傅振邦……一二二七三
邱聯恩……一二二七六
黃開榜……一二二七七
陳國瑞……一二二七八
郭寶昌……一二二八二

卷四百二十九　列傳二百十六
江忠義江忠珀……一二三八五
周寬世……一二三八七
石清吉……一二三八八
余際昌……一二三八九
林文察……一二三九〇
趙德光……一二三九一
張文德……一二三九二
卷四百三十　列傳二百十七
雷正綰……一二三九五
陶茂林……一二三九七
曹克忠……一二三九八
胡中和……一二三九九
何勝必……一二四〇一
蕭慶高……一二四〇一
楊復東……一二四〇二
周達武周康祿……一二四〇三
李輝武……一二四〇四
唐友耕……一二四〇五
卷四百三十一　列傳二百十八
郭松林……一二四〇七
李長樂……一二四〇九
楊鼎勳……一二四一一
唐殿魁……一二四一三
唐定奎……一二四一四
滕嗣武……一二四一五
駱國忠……一二四一六
卷四百三十二　列傳二百十九
蕭啓江……一二四一九
張運蘭……一二四二一

唐訓方……一三三三
蔣凝學……一三三四
陳湜……一三三七
李元度……一三三九

卷四百三十三　列傳二百二十

金國琛……一三三一
黃淳熙……一三三三
吳坤修……一三三四
康國器……一三三五
李鶴章……一三三七
弟昭慶……一三三八
吳毓蘭……一三三八

卷四百三十四　列傳二百二十一

沈棣輝……一三四一
鄧仁堃……一三四三
余炳燾……一三四五
栗燿……一三四六
朱孫貽……一三四七
史致諤……一三四九
劉郇膏……一三五一
朱善張……一三五二
子之榛……一三五三
黃輔辰……一三五三
子彭年……一三五四

卷四百三十五　列傳二百二十二

華爾……一三五七
勒伯勒東……一三五九
法爾第福……一三五九
戈登……一三六〇
日意格……一三六一

德克碑……一二三六一
赫德……一二三六二
帛黎……一二三六三
卷四百三十六　列傳二百二十三　〔四一册〕
沈桂芬……一二三六五
李鴻藻……一二三六六
翁同龢……一二三六八
孫毓汶……一二三七一
卷四百三十七　列傳二百二十四
榮祿……一二三七三
王文韶……一二三七五
張之洞……一二三七七
瞿鴻禨……一二三八一
卷四百三十八　列傳二百二十五
閻敬銘……一二三八三
張之萬……一二三八五
鹿傳霖……一二三八七
林紹年……一二三八九
卷四百三十九　列傳二百二十六
景廉……一二三九三
額勒和布……一二三九七
許庚身……一二三九八
錢應溥……一二三九九
廖壽恆……一二三九九
榮慶……一二四〇一
那桐……一二四〇三
戴鴻慈……一二四〇三
卷四百四十　列傳二百二十七
英桂……一二四〇九

宗室載齡……一二四一〇
恩承……一二四一一
宗室福錕……一二四一二
崇禮……一二四一三
裕德……一二四一四

卷四百四十一　列傳二百二十八

潘祖蔭……一二四一五
李文田……一二四一六
孫詒經……一二四一七
夏同善……一二四一九
張家驤……一二四二〇
張英麟……一二四二一
張仁黼……一二四二三
張亨嘉……一二四二三

卷四百四十二　列傳二百二十九

徐樹銘……一二四二五
薛允升……一二四二六
宗室延煦……一二四二八
子會章……一二四二九
汪鳴鑾……一二四二九
長麟……一二四三〇
周家楣……一二四三〇
周德潤……一二四三二
胡燏棻……一二四三三
張蔭桓……一二四三五

卷四百四十三　列傳二百三十

孫家鼐……一二四三九
張百熙……一二四四〇
唐景崇……一二四四三
于式枚……一二四四四

沈家本……一二四四七
卷四百四十四　列傳二百三十一
黃體芳……一二四四九
子紹箕……一二四五一
宗室寶廷……一二四五一
宗室盛昱……一二四五四
張佩綸……一二四五五
何如璋……一二四五六
鄧承修……一二四五七
徐致祥……一二四五九
卷四百四十五　列傳二百三十二
吳可讀……一二四六一
潘敦儼……一二四六三
朱一新……一二四六三
屠仁守……一二四六五
吳兆泰……一二四六五
何金壽……一二四六六
安維峻……一二四六六
文悌……一二四六八
江春霖……一二四六九
卷四百四十六　列傳二百三十三
郭嵩燾……一二四七三
弟崑燾……一二四七五
崇厚……一二四七六
曾紀澤……一二四七八
薛福成……一二四八〇
黎庶昌……一二四八一
馬建忠……一二四八二
李鳳苞……一二四八四
洪鈞……一二四八四

劉瑞芬 劉世珩……一三四八六
徐壽朋……一三四八八
楊儒……一三四八八

卷四百四十七　列傳二百三十四

丁寶楨……一三四九一
李瀚章……一三四九四
楊昌濬……一三四九五
張樹聲……一三四九六
弟樹屏……一三四九七
衛榮光……一三四九八
劉秉璋……一三四九九
陳士杰……一三五〇一
陶模……一三五〇三
李興銳……一三五〇七
史念祖……一三五〇九

卷四百四十八　列傳二百三十五

丁日昌……一三五一三
卞寶第……一三五一五
涂宗瀛……一三五一七
黎培敬……一三五一八
崧駿……一三五一九
崧蕃……一三五二〇
邊寶泉……一三五二一
于蔭霖……一三五二三
饒應祺……一三五二四
惲祖翼……一三五二六

卷四百四十九　列傳二百三十六

錫良……一三五三一
周馥……一三五三五
陸元鼎……一三五三七

張曾敭……一二五三八
楊士驤……一二五四〇
馮煦……一二五四一
卷四百五十　列傳二百三十七
李鶴年……一二五四五
文彬……一二五四七
任道鎔……一二五四九
許振禕……一二五五〇
吳大澂……一二五五一
卷四百五十一　列傳二百三十八
李朝儀……一二五五五
段起……一二五五六
丁壽昌……一二五五七
曾紀鳳……一二五五八
儲裕立……一二五五九
鐵珊……一二五六〇
桂中行……一二五六〇
劉含芳……一二五六一
陳黌舉陳惟彥……一二五六三
游智開……一二五六三
李用清……一二五六五
李希蓮……一二五六七
李金鏞……一二五六七
金福曾……一二五六八
熊其英……一二五七〇
謝家福……一二五七〇
童兆蓉……一二五七一
卷四百五十二　列傳二百三十九
洪汝奎……一二五七三
楊宗濂……一二五七四

史樸……一三五七五
史克寬……一三五七六
沈保靖……一三五七六
朱其昂……一三五七七
弟其詔……一三五七七
宗源瀚……一三五七八
徐慶璋……一三五七八
徐珍……一三五七九
蒯光典……一三五八〇
陳遹聲……一三五八二
潘民表……一三五八三
嚴作霖……一三五八四
唐錫晉……一三五八四
婁春蕃……一三五八五
卷四百五十三　列傳二百四十
榮全……一三五八七
喜昌……一三五八八
升泰……一三五八九
善慶……一三五九一
柏梁……一三五九二
恩澤……一三五九二
銘安……一三五九三
恭鏜……一三五九四
慶裕……一三五九五
長庚……一三五九六
文海……一三五九九
鳳全……一三六〇〇
增祺……一三六〇一
貽穀……一三六〇三
信勤……一三六〇五

卷四百五十四　列傳二百四十一

劉錦棠……一二六〇七
張曜……一二六一一
劉典 劉倬雲……一二六一五
金順……一二六一八
弟連順……一二六一九
鄧增……一二六二〇
托雲佈……一二六二一
果權 劉宏發……一二六二二
曹正興……一二六二三
穆圖善……一二六二三
杜嘎爾……一二六二五
額爾慶額……一二六二五
豐紳……一二六二六
文麟……一二六二七
明春……一二六二八
富勒銘額……一二六二八
徐學功……一二六二九

卷四百五十五　列傳二百四十二

董福祥……一二六三一
張俊……一二六三三
夏辛酉……一二六三四
金運昌……一二六三五
黃萬鵬……一二六三七
余虎恩……一二六三九
桂錫楨……一二六四一
方友升……一二六四三

卷四百五十六　列傳二百四十三

馬如龍……一二六四五
和耀曾……一二六四八

楊玉科……一三六五〇
李惟述……一三六五三
蔡標……一三六五四
段瑞梅……一三六五六
夏毓秀……一三六五六
何秀林……一三六五八
楊國發……一三六六〇
張保和……一三六六三
卷四百五十七 列傳二百四十四
蔣東才……一三六六五
劉廷……一三六六六
李承先……一三六六六
李南華……一三六六七
兄子得勝……一三六六八
董履高……一三六六八
董全勝……一三六七〇
牛師韓……一三六七一
曹德慶……一三六七三
馬復震……一三六七四
程文炳……一三六七五
方耀……一三六七七
鄭紹忠……一三六七八
鄧安邦……一三六七九
卷四百五十八
列傳二百四十五 〔四二册〕
徐延旭……一三六八一
唐烱……一三六八三
何璟……一三六八五
張兆棟……一三六八七
卷四百五十九 列傳二百四十六

馮子材……一三六八九
王孝祺……一三六九一
陳嘉……一三六九二
蔣宗漢……一三六九三
蘇元春……一三六九四
馬盛治……一三六九六
王德榜……一三六九七
張春發……一三六九九
蕭得龍……一三七〇〇
馬維騏……一三七〇〇
覃修綱……一三七〇一
吳永安……一三七〇三
孫開華……一三七〇三
朱煥明……一三七〇四
蘇得勝……一三七〇四
章高元……一三七〇四
歐陽利見……一三七〇五
卷四百六十　列傳二百四十七
左寶貴……一三七〇九
弟寶賢等……一三七一〇
永山……一三七一〇
鄧世昌……一三七一一
劉步蟾……一三七一二
林泰曾等……一三七一三
戴宗騫……一三七一三
卷四百六十一　列傳二百四十八
宋慶……一三七一七
呂本元……一三七一九
徐邦道……一三七二〇
馬玉崑……一三七二一

依克唐阿……一二七二三
榮和……一二七二四
長順……一二七二四
卷四百六十二　列傳二百四十九
丁汝昌……一二七二七
衞汝貴衞汝成……一二七二九
葉志超……一二七二九
卷四百六十三　列傳二百五十
唐景崧……一二七三三
劉永福……一二七三六
卷四百六十四　列傳二百五十一
李端棻……一二七三九
徐致靖……一二七四〇
子仁鑄……一二七四〇
陳寶箴……一二七四一
黃遵憲……一二七四二
曾鉌……一二七四二
楊深秀……一二七四三
楊銳……一二七四四
劉光第……一二七四五
譚嗣同……一二七四六
唐才常……一二七四七
林旭……一二七四七
康廣仁……一二七四七
卷四百六十五　列傳二百五十二
徐桐……一二七四九
豫師……一二七五〇
徐桐子徐承煜……一二七五一
剛毅……一二七五一
趙舒翹……一二七五二

啓秀……一二七五三
英年……一二七五四
裕祿……一二七五四
　廷雍……一二七五六
毓賢……一二七五六
　李廷簫……一二七五八

卷四百六十六　列傳二百五十三

徐用儀……一二七五九
許景澄……一二七六〇
袁昶……一二七六一
立山……一二七六三
聯元……一二七六三

卷四百六十七　列傳二百五十四

李秉衡……一二七六五
　王廷相……一二七六七
聶士成……一二七六七
羅榮光……一二七六九
壽山……一二七七〇
　族孫瑞昌……一二七七二
鳳翔……一二七七二
　崇玉等……一二七七三

卷四百六十八　列傳二百五十五

崇綺……一二七七五
　子葆初等……一二七七六
志鈞……一二七七六
延茂……一二七七七
　弟延芝……一二七七七
色普徵額……一二七七七
王懿榮……一二七七八
　熙元……一二七七八

宗室寶豐……一三七七九
宗室壽富……一三七七九
弟壽蕃等……一三七八〇
宋承庠……一三七八〇
王鐵珊……一三七八〇

卷四百六十九　列傳二百五十六

恩銘錫麟……一三七八三
孚琦……一三七八五
鳳山……一三七八五
端方……一三七八六
弟端錦……一三七八七
劉燧……一三七八七
赫成額……一三七八七
松壽……一三七八七
趙爾豐……一三七八八

馮汝騤……一三七八九
陸鍾琦……一三七八九
子光熙等……一三七九〇

卷四百七十　列傳二百五十七

志銳……一三七九七
劉從德……一三七九八
春勳……一三七九八
良弼……一三七九九
宗室載穆……一三七九九
萬選……一三八〇一
德霈……一三八〇一
同源……一三八〇一
文瑞……一三八〇一
承燕……一三八〇三
克蒙額……一三八〇三

恆齡……一二八〇三
德霈等……一二八〇三
樸壽……一二八〇四
謝寶勝……一二八〇四
姚靄雲……一二八〇六
黃忠浩……一二八〇六
楊讓梨等……一二八〇七
卷四百七十一　列傳二百五十八
盛宣懷……一二八〇九
瑞澂……一二八一三
卷四百七十二　列傳二百五十九
陸潤庠……一二八一五
世續……一二八一八
伊克坦……一二八一九
梁鼎芬……一二八二三

徐坊……一二八二三
勞乃宣……一二八二三
沈曾植……一二八二五
卷四百七十三　列傳二百六十
張勳……一二八二七
康有爲……一二八三〇
卷四百七十四　列傳二百六十一
吳三桂 吳世璠 張國柱等……一二八三五
耿精忠……一二八五三
尚之信……一二八五六
孫延齡……一二八六〇
卷四百七十五　列傳二百六十二
洪秀全……一二八六三
卷四百七十六
列傳二百六十三　〔四三冊〕

循吏一……一三九六七
白登明……一三九六八
湯家相……一三九六九
任辰旦……一三九七〇
于宗堯……一三九七〇
宋必達……一三九七一
陸在新……一三九七二
張沐……一三九七三
張壎……一三九七三
陳汝咸……一三九七四
繆燧……一三九七六
陳時臨……一三九七七
姚文燮……一三九七八
黃貞麟……一三九七九
駱鍾麟……一三九八〇
崔宗泰……一三九八二
祖進朝……一三九八二
趙吉士……一三九八三
張瑾……一三九八五
江皋……一三九八六
張克嶷……一三九八七
賈樸……一三九八八
邵嗣堯……一三九八九
衞立鼎……一三九九〇
高蔭爵……一三九九一
靳讓……一三九九一
崔華……一三九九二
周中鋐……一三九九三
劉棨 劉果……一三九九四
陶元淳……一三九九六

廖冀亨……一二九九七
佟國瓏……一二九九八
陸師……一三〇〇〇
　龔鑑……一三〇〇一

卷四百七十七　列傳二百六十四

循吏二

陳悳榮……一三〇〇三
芮復傳……一三〇〇五
　蔣林……一三〇〇六
閻堯熙……一三〇〇七
　王時翔……一三〇〇八
藍鼎元……一三〇一〇
葉新……一三〇一一
　施昭庭……一三〇一二
陳慶門……一三〇一三
周人龍……一三〇一四
童華……一三〇一五
　黃世發……一三〇一七
李渭……一三〇一八
謝仲玩……一三〇一九
　李大本……一三〇二〇
牛運震……一三〇二一
　張甄陶……一三〇二三
邵大業……一三〇二三
周克開……一三〇二四
　鄭基……一三〇二六
康基淵……一三〇二六
言如泗……一三〇二七
　周際華……一三〇二八
汪輝祖……一三〇二九

茹敦和……一三〇三〇
朱休度……一三〇三一
劉大紳……一三〇三二
吳煥彩……一三〇三三
紀大奎……一三〇三四
邵希曾……一三〇三四

卷四百七十八　列傳二百六十五

循吏三

張吉安……一三〇三七
李毓昌……一三〇三九
龔景瀚……一三〇四〇
蓋方泌……一三〇四二
史紹登……一三〇四三
李賡芸……一三〇四五
伊秉綬……一三〇四七
狄尚絅……一三〇四八
張敦仁……一三〇四九
鄭敦允……一三〇五〇
李文耕……一三〇五一
劉體重……一三〇五二
子煦……一三〇五三
張琦……一三〇五四
石家紹……一三〇五五
劉衡……一三〇五六
徐棟……一三〇五八
姚柬之……一三〇五八
吳均……一三〇六〇
王肇謙……一三〇六一
曹瑾……一三〇六二
桂超萬……一三〇六三

張作楠……一三〇六四
雲茂琦……一三〇六五

卷四百七十九　列傳二百六十六

循吏四

徐台英……一三〇六七
牛樹梅……一三〇六九
何曰愈……一三〇七〇
吳應連……一三〇七一
劉秉琳……一三〇七二
陳崇砥……一三〇七三
夏子齡……一三〇七四
蕭世本……一三〇七五
李炳濤……一三〇七六
俞澍……一三〇七八
朱根仁……一三〇七八
鄒鍾俊……一三〇七八
王懋勳……一三〇七九
蒯德模……一三〇七九
林達泉……一三〇八一
方大湜……一三〇八二
陳豪……一三〇八三
楊榮緒……一三〇八四
林啓……一三〇八五
王仁福……一三〇八六
朱光第……一三〇八七
冷鼎亨……一三〇八八
孫葆田……一三〇八九
柯劭慜……一三〇八九
涂官俊……一三〇九〇
陳文黻……一三〇九一

李素……一三〇九二
張楷……一三〇九二
王仁堪……一三〇九三

卷四百八十　列傳二百六十七

儒林一……一三〇九八
孫奇逢……一三一〇〇
耿介……一三一〇三
黃宗羲……一三一〇三
弟宗炎……一三一〇六
宗會……一三一〇六
子百家……一三一〇六
王夫之王介之……一三一〇六
李顒……一三一〇八
李因篤……一三一〇九
李柏……一三一〇九
王心敬……一三一一〇
沈國模……一三一一〇
史孝咸……一三一一〇
韓當……一三一一一
邵曾可……一三一一一
曾可孫廷采……一三一一一
王朝式……一三一一二
謝文洊……一三一一二
甘京……一三一一二
黃熙……一三一一三
曾曰都……一三一一三
危龍光……一三一一三
湯其仁……一三一一三
宋之盛……一三一一三
鄧元昌……一三一一三

高愈……一三一四
顧培……一三一四
彭定求彭紹升……一三一五
湯之錡……一三一六
施璜……一三一六
張夏……一三一七
吳曰愼……一三一七
陸世儀……一三一七
陳瑚……一三一八
盛敬……一三一九
江士韶……一三一九
張履祥……一三一九
錢寅……一三二〇
何汝霖吳璜等……一三二〇
凌克貞……一三二一
屠安世……一三二一
鄭宏……一三二一
祝洤……一三二一
沈昀……一三二二
姚宏任……一三二三
葉敦艮……一三二三
劉汋……一三二三
應撝謙……一三二三
朱鶴齡……一三二四
陳啓源……一三二四
范鎬鼎……一三二五
党成……一三二五
李生光……一三二六
白奐彩……一三二六
党湛……一三二六

王化泰……一三二六
孫景烈……一三二七
胡承諾……一三二七
曹本榮……一三二八
張貞生……一三二九
劉原淥……一三二九
姜國霖……一三三〇
劉以貴……一三三〇
韓夢周……一三三〇
梁鴻翥……一三三〇
法坤宏……一三三一
閻循觀……一三三一
任瑗……一三三一
顏元……一三三一
王源……一三三二
程廷祚……一三三三
惲鶴生……一三三三
李塨……一三三三
刁包……一三三四
王餘佑……一三三五
李來章……一三三六
冉覲祖……一三三七
竇克勤……一三三七
李光坡……一三三八
從子鍾倫……一三三九
莊亨陽……一三三九
官獻瑤……一三四〇
王懋竑……一三四一
朱澤澐……一三四二
喬僅……一三四三

李夢箕……一三一四四
子圖南……一三一四四
張鵬翼……一三一四四
童能靈……一三一四五
胡方……一三一四五
馮成修……一三一四七
勞潼……一三一四七
勞史……一三一四八
桑調元……一三一四八
汪鑒……一三一四九
顧棟高……一三一四九
陳祖范……一三一五〇
吳鼎……一三一五〇
梁錫璵……一三一五〇
孟超然……一三一五一
汪紱……一三一五三
余元遴……一三一五四
姚學塽……一三一五四
潘諮……一三一五五
唐鑑……一三一五五
吳嘉賓……一三一五六
劉傳瑩……一三一五七
劉熙載……一三一五八
朱次琦……一三一五九
成孺……一三一六一
邵懿辰……一三一六二
高均儒……一三一六三
伊樂堯……一三一六三

卷四百八十一　列傳二百六十八

儒林二

顧炎武……一三一六六
張爾岐……一三一六九
馬驌……一三一七〇
萬斯大……一三一七〇
兄斯選……一三一七一
子經……一三一七一
姪言 承勳……一三一七一
胡渭……一三一七三
子彥昇……一三一七四
葉佩蓀……一三一七四
毛奇齡……一三一七四
陸邦烈……一三一七六
閻若璩 閻詠……一三一七七
李鎧……一三一七八
吳玉搢……一三一七八
惠周惕……一三一七八
子士奇……一三一七九
孫棟……一三一八〇
余蕭客……一三一八一
陳厚耀……一三一八一
臧琳……一三一八二
玄孫庸……一三一八三
禮堂……一三一八三
任啓運……一三一八四
全祖望……一三一八六
蔣學鏞……一三一八七
董秉純……一三一八七
沈彤……一三一八七
蔡德晉……一三一八八
盛世佐……一三一八八

江永……一三一八八
程瑤田……一三一八九
褚寅亮……一三一九〇
盧文弨……一三一九一
顧廣圻……一三一九二
錢大昕……一三一九三
族子塘……一三一九五
坫……一三一九六
王鳴盛……一三一九六
金曰追……一三一九七
吳凌雲……一三一九七
戴震……一三一九八
金榜……一三二〇〇
段玉裁……一三二〇一
鈕樹玉……一三二〇三
徐承慶……一三二〇三
孫志祖……一三二〇四
翟灝……一三二〇四
梁玉繩……一三二〇五
梁履繩……一三二〇五
汪家禧……一三二〇五
劉台拱……一三二〇六
朱彬……一三二〇七
孔廣森……一三二〇七
邵晉涵……一三二〇九
周永年……一三二一〇
王念孫……一三二一一
子引之……一三二一三
李惇……一三二一三
賈田祖……一三二一三

宋綿初……一三二三
汪中……一三二三
江德量……一三二六
徐復……一三二六
汪光爔……一三二六
武億……一三二六
莊述祖……一三二八
莊綬甲……一三二九
莊有可……一三二九
戚學標……一三二九
江有誥……一三三〇
陳熙晉……一三三一
李誠……一三三三
丁杰……一三三三
周春……一三三四

孫星衍……一三三四
畢亨……一三三六
李貽德……一三三七
王聘珍……一三三七
凌廷堪……一三三八
洪榜……一三三九
汪龍……一三四〇
桂馥……一三四〇
許瀚……一三四一
江聲……一三四一
孫沅……一三四三
錢大昭……一三四四
子東垣……一三四六
繹……一三四六
侗……一三四六

朱駿聲……一三二三六

卷四百八十二　列傳二百六十九

儒林三

馬宗槤……一三二四〇
子瑞辰……一三二四〇
瑞辰子三俊……一三二四一
張惠言……一三二四一
子成孫……一三二四四
江承之……一三二四四
郝懿行……一三二四五
陳壽祺……一三二四六
子喬樅……一三二四八
謝震……一三二四九
何治運……一三二四九
孫經世……一三二四九
柯蘅……一三二五〇
許宗彥……一三二五〇
呂飛鵬……一三二五三
沈夢蘭……一三二五三
宋世犖……一三二五四
嚴可均……一三二五四
嚴元照……一三二五六
焦循……一三二五六
子廷琥……一三二五八
顧鳳毛……一三二五九
鍾懷……一三二五九
李鍾泗……一三二五九
李富孫……一三二五九
兄超孫……一三二六一
弟遇孫……一三二六一

胡承珙……一三二六二
胡秉虔……一三二六三
朱珔……一三二六四
淩曙……一三二六四
薛傳均……一三二六五
劉逢祿……一三二六六
宋翔鳳……一三二六八
戴望……一三二六八
雷學淇……一三二六九
王萱齡……一三二七〇
崔述……一三二七〇
胡培翬……一三二七二
楊大堉……一三二七三
劉文淇……一三二七四
子毓崧……一三二七五
孫壽曾……一三二七六
方申……一三二七六
丁晏……一三二七六
王筠……一三二七九
曾釗……一三二八〇
林伯桐……一三二八一
李黼平……一三二八二
柳興恩……一三二八二
弟榮宗……一三二八三
許桂林……一三二八四
鍾文烝……一三二八四
梅毓……一三二八五
陳澧……一三二八五
侯康……一三二八六
康弟度……一三二八七

桂文燦……一三二八七
鄭珍……一三二八七
鄒漢勛……一三二八九
王崧……一三二九〇
劉寶楠……一三二九〇
子恭冕……一三二九一
龍啓瑞……一三二九一
苗夔……一三二九二
龐大堃……一三二九三
陳立……一三二九三
陳奐……一三二九五
金鶚……一三二九六
黃式三……一三二九六
子以周……一三二九七
俞樾……一三二九八
張文虎……一三二九九
王闓運……一三三〇〇
王先謙……一三三〇一
孫詒讓……一三三〇二
鄭杲……一三三〇四
宋書升……一三三〇五
法偉堂……一三三〇五
卷四百八十三 列傳二百七十
儒林四
孔蔭植等……一三三〇七
卷四百八十四
列傳二百七十一 〔四四冊〕
文苑一……一三三一四
魏禧……一三三一五
兄際瑞……一三三一六

弟禮……一三三一七
禮子世傚……一三三一七
世儼……一三三一八
李騰蛟……一三三一八
邱維屏……一三三一八
曾燦……一三三一八
林時益……一三三一九
梁份……一三三一九
侯方域……一三三一九
王猷定……一三三二〇
陳宏緒……一三三二〇
徐士溥……一三三二一
歐陽斌元……一三三二一
申涵光……一三三二一
張蓋……一三三二二
殷岳……一三三二三
吳嘉紀……一三三二三
徐波……一三三二三
錢謙益……一三三二四
龔鼎孳……一三三二四
吳偉業……一三三二五
曹溶……一三三二六
宋琬……一三三二七
嚴沆……一三三二七
施閏章……一三三二八
高詠……一三三二九
鄧漢儀……一三三二九
王士祿……一三三二九
弟士祜……一三三二九
田雯……一三三三〇

曹貞吉……一三三〇
顏光敏……一三三〇
王苹……一三三一
張篤慶……一三三一
徐夜……一三三一
陳恭尹……一三三一
屈大均……一三三二
梁佩蘭……一三三二
程可則……一三三二
方殿元……一三三二
吳文煒……一三三二
王隼……一三三三
馮班……一三三三
宗元鼎……一三三三
劉體仁……一三三三
吳殳……一三三三
胡承諾……一三三四
賀貽孫……一三三四
唐甄……一三三五
阿什坦……一三三五
劉淇……一三三六
金德純……一三三六
傅澤洪……一三三六
汪琬……一三三六
計東……一三三七
吳兆騫……一三三七
顧我錡……一三三八
彭孫遹……一三三八
朱彝尊……一三三九
李良年……一三四〇

譚吉璁……一三四〇
尤侗……一三四〇
秦松齡……一三四一
曹禾……一三四一
李泰來……一三四一
陳維崧……一三四一
吳綺……一三四二
徐釚……一三四二
潘耒……一三四三
倪燦……一三四四
嚴繩孫……一三四四
徐嘉炎……一三四四
方象瑛……一三四五
萬斯同……一三四五
錢名世……一三四七
劉獻廷……一三四七
邵遠平……一三四八
吳任臣……一三四九
謝啓昆……一三四九
周春……一三四九
陳鱣……一三五〇
喬萊……一三五〇
汪楫……一三五一
汪懋麟……一三五一
陸棻……一三五二
兄子奎勳……一三五二
龐塏……一三五三
邊連寶……一三五三
陸圻……一三五三
丁澎……一三五四

柴紹炳……一三三五四
毛先舒……一三三五四
孫治……一三三五四
張丹……一三三五四
吳百朋……一三三五五
沈謙……一三三五五
虞黃昊……一三三五五
孫枝蔚……一三三五五
李念慈……一三三五五
丁煒……一三三五六
林侗……一三三五六
林佶……一三三五六
黃任……一三三五六
鄭方坤……一三三五六
黃與堅……一三三五七
王昊……一三三五七
顧湄……一三三五七
吳雯……一三三五七
陶季……一三三五八
梅清……一三三五八
梅庚……一三三五八
馮景……一三三五九
邵長蘅……一三三五九
姜宸英……一三三五九
嚴虞惇……一三三六〇
黃虞稷……一三三六〇
性德……一三三六一
顧貞觀……一三三六一
項鴻祚……一三三六二
蔣春霖……一三三六二

文昭……一三三六二
蘊端……一三三六二
博爾都……一三三六二
永忠……一三三六三
書誠……一三三六三
永憲……一三三六三
裕瑞……一三三六三
趙執信……一三三六三
葉燮……一三三六四
馮廷櫆……一三三六五
黃儀……一三三六五
鄭元慶……一三三六五
查愼行……一三三六六
弟嗣瑮……一三三六六
查昇……一三三六七
史申義……一三三六七
周起渭……一三三六七
張元臣……一三三六七
潘淳……一三三六七
顧陳垿……一三三六七
何焯……一三三六八
陳景雲……一三三六九
景雲子黃中……一三三六九
戴名世……一三三七〇

卷四百八十五　列傳二百七十二

文苑二

諸錦……一三三七二
沈廷芳……一三三七二
夏之蓉……一三三七三
厲鶚……一三三七三

汪沆……一三三七四
符曾……一三三七四
陳撰……一三三七四
趙昱……一三三七四
趙信……一三三七四
王峻……一三三七四
王延年……一三三七四
何夢瑶……一三三七五
勞孝輿……一三三七五
羅天尺……一三三七六
蘇珥……一三三七六
車騰芳……一三三七六
許遂……一三三七六
韓海……一三三七六
劉大櫆……一三三七六
胡宗緒……一三三七七
王灼……一三三七七
李鍇……一三三七八
陳景元……一三三七八
戴亨……一三三七八
長海……一三三七九
吳麟……一三三七九
曹寅……一三三七九
鮑鉁……一三三七九
高鶚……一三三七九
劉文麟……一三三七九
王乃新……一三三八〇
沈炳震……一三三八〇
弟炳謙……一三三八〇
炳巽……一三三八〇

趙一淸……一三三八〇
曹仁虎……一三三八一
吳泰來……一三三八一
黃文蓮……一三三八二
胡天游……一三三八二
彭兆蓀……一三三八二
袁枚……一三三八三
程晉芳……一三三八三
張問陶……一三三八四
王又曾……一三三八四
祝維誥……一三三八四
萬光泰……一三三八四
又曾子復……一三三八五
維誥子喆……一三三八五
邵齊燾……一三三八五
王太岳……一三三八五
吳錫麒……一三三八六
楊芳燦……一三三八六
楊揆……一三三八六
吳鼒……一三三八六
徐文靖……一三三八七
趙青藜……一三三八七
汪越……一三三八七
朱仕琇……一三三八八
高澍然……一三三八八
蔣士銓……一三三八九
汪軔……一三三八九
楊垕……一三三八九
趙由儀……一三三八九
吳嵩梁……一三三八九

樂鈞……一三三九〇
趙翼……一三三九〇
黃景仁……一三三九一
楊倫……一三三九二
呂星垣……一三三九二
徐書受……一三三九二
嚴長明……一三三九二
子觀……一三三九三
朱筠……一三三九三
翁方綱……一三三九四
姚鼐……一三三九五
吳定……一三三九六
魯九皐……一三三九六
陳用光……一三三九六
吳德旋……一三三九七
宋大樽……一三三九七
錢林……一三三九七
端木國瑚……一三三九七
吳文溥……一三三九八
章學誠……一三三九八
章宗源……一三三九八
姚振宗……一三三九八
吳蘭庭……一三三九九
祁韻士……一三三九九
張穆……一三四〇〇
何秋濤……一三四〇〇
馮敏昌……一三四〇〇
宋湘……一三四〇一
趙希璜……一三四〇一
法式善……一三四〇二

孫原湘……一三四〇二
郭麐……一三四〇二
惲敬……一三四〇三
趙懷玉……一三四〇三
黎簡……一三四〇四
張錦芳……一三四〇四
弟錦麟……一三四〇四
黃丹書……一三四〇四
呂堅……一三四〇四
胡亦常……一三四〇四
張士元……一三四〇五
張海珊……一三四〇五
張履……一三四〇五

卷四百八十六　列傳二百七十三

文苑三

張澍……一三四〇八
邢澍……一三四〇九
莫與儔……一三四〇九
子友芝……一三四一〇
陸繼輅……一三四一〇
從子耀遹……一三四一一
彭績……一三四一一
洪頤煊……一三四一一
兄坤煊……一三四一二
弟震煊……一三四一二
鄧顯鶴……一三四一二
萬希槐……一三四一二
周濟……一三四一三
陳鶴……一三四一三
徐松……一三四一三

沈荃……一三四一四
陳潮……一三四一四
李圖……一三四一四
李兆洛……一三四一五
承培元……一三四一六
宋景昌……一三四一六
繆尚誥……一三四一六
六承如……一三四一六
錢儀吉……一三四一六
從弟泰吉……一三四一七
包世臣……一三四一七
齊彥槐……一三四一八
姚椿……一三四一八
顧廣譽……一三四一九
張鑑……一三四一九
楊鳳苞……一三四二〇
施國祁……一三四二〇
黃易……一三四二〇
瞿中溶……一三四二〇
張廷濟……一三四二一
沈濤……一三四二一
陸增祥……一三四二一
董祐誠董基誠……一三四二一
方履籛……一三四二二
周儀暐吳頡鴻……一三四二二
俞正燮……一三四二二
趙紹祖……一三四二三
汪文臺……一三四二三
湯球……一三四二三
潘德輿……一三四二四

吳昆田……一三四二四
張維屏……一三四二五
譚敬昭……一三四二五
彭泰來……一三四二五
梅曾亮……一三四二六
管同……一三四二六
劉開……一三四二六
毛嶽生……一三四二七
湯鵬……一三四二七
張際亮……一三四二八
龔鞏祚……一三四二八
魏源……一三四二九
方東樹……一三四三〇
從弟宗誠……一三四三〇
蘇惇元……一三四三一
戴鈞衡……一三四三一
魯一同……一三四三一
子蕡……一三四三二
譚瑩……一三四三二
熊景星……一三四三三
黃子高……一三四三三
瑩子宗浚……一三四三三
吳敏樹……一三四三三
楊彝珍……一三四三四
周壽昌……一三四三四
李希聖……一三四三四
斌良法良……一三四三五
錫縝……一三四三五
李雲麟觀成等……一三四三五
何紹基何紹京……一三四三六

孫維樸……一三四三七
李瑞清……一三四三七
馮桂芬……一三四三七
王頌蔚……一三四三九
葉昌熾……一三四四〇
管禮耕……一三四四〇
袁寶璜……一三四四〇
李慈銘……一三四四〇
陶方琦……一三四四一
譚廷獻……一三四四一
李稷勳……一三四四一
張裕釗……一三四四二
范當世……一三四四二
朱銘盤……一三四四二
楊守敬……一三四四三
吳汝綸……一三四四三
蕭穆……一三四四五
賀濤……一三四四五
劉孚京……一三四四六
林紓……一三四四六
嚴復……一三四四七
辜湯生……一三四四九
卷四百八十七　列傳二百七十四
忠義一……一三四五一
特音珠……一三四五四
阿巴泰……一三四五四
固山……一三四五五
僧錫等……一三四五五
納密達……一三四五六
炳圖等……一三四五六

書寧阿……一三四五七
咸濟泰等……一三四五七
穆護薩……一三四五八
覺羅蘭泰等……一三四五八
索爾和諾……一三四五九
齋薩穆等……一三四五九
席爾泰……一三四六〇
滿達理……一三四六一
卓納……一三四六一
納海……一三四六一
覺羅鄂博惠……一三四六三
覺羅阿賚等……一三四六三
同阿爾……一三四六四
董廷元……一三四六五
弟廷儒……一三四六五

廷柏……一三四六五
常鼎……一三四六六
白忠順等……一三四六六
格布庫……一三四六七
阿爾津等……一三四六七
濟三……一三四六八
瑚密色等……一三四六八
敦達里……一三四六九
安達里……一三四六九
許友信……一三四六九
成陞等……一三四六九

卷四百八十八　列傳二百七十五

忠義二

朱國治……一三四七三
楊應鶚……一三四七四

馬弘儒等……一三四七四
周岱生……一三四七七
楊三知……一三四七八
孫世譽……一三四七九
翟世琪……一三四七九
劉嘉猷……一三四七九
高天爵……一三四八〇
李成功……一三四八一
張善繼等……一三四八一
嵇永仁……一三四八二
王龍光等……一三四八三
葉有挺……一三四八四
蕭震等……一三四八四
戴璣……一三四八五
劉欽鄰……一三四八六
崔成嵐……一三四八六
黃新德……一三四八七
柯永昇……一三四八七
隨光啓等……一三四八七
道禪……一三四八七
李茂吉……一三四八八
劉崐……一三四八八
馬秉倫……一三四八八
劉鎭寶……一三四八九
羅鳴序……一三四八九

卷四百八十九　列傳二百七十六

忠義三

宗室恆斌……一三四九二
倪國正……一三四九二
趙文哲……一三四九三

王日杏……一三四九四
汪時……一三四九五
程蔭桂……一三四九五
孫維龍……一三四九五
吳璜……一三四九五
吳鉞等……一三四九五
曹永闓……一三四九五
何道深……一三四九六
沈齊義……一三四九七
陳枚……一三四九九
吳環等……一三四九九
溫模……一三四九九
邵如椿……一三五〇〇
李南暉……一三五〇〇
湯大奎……一三五〇〇
史謙……一三五〇一
周大綸……一三五〇一
壽同春……一三五〇一
李喬基……一三五〇二
熊恩紱……一三五〇三
宋如椿……一三五〇四
趙福……一三五〇四
劉昇……一三五〇五
滕家瓚……一三五〇五
蕭水清……一三五〇五
劉大成……一三五〇六
王翼孫……一三五〇七
王行儉……一三五〇七
王銑……一三五〇七
汪兆鼎……一三五〇八

左觀瀾……一三五〇八
董寧川……一三五〇九
韓嘉業……一三五一〇
葉槐……一三五一一
陸維基……一三五一二
毛大瀛……一三五一二
張大鵬……一三五一三
白廷英……一三五一三
楊繼曉……一三五一三
楊堂等……一三五一四
曾艾……一三五一五
曾彰泗……一三五一五
羅江泰……一三五一六
霍永清……一三五一七
強克捷……一三五一七
趙綸等……一三五一八
宗室奕湄……一三五一九
景興……一三五一九
陳孝寬等……一三五一九
王鼎銘……一三五二〇
呂志恆……一三五二一
邵用之等……一三五二一
楊延亮……一三五二一
師長治……一三五二三
王光宇……一三五二三
卷四百九十　列傳二百七十七
忠義四
張錫嶸……一三五二六
王東槐……一三五二七
曹楙堅等……一三五二九

周玉衡……一三五二九
王本梧……一三五三〇
陳宗元……一三五三一
明善……一三五三三
覺羅豫立……一三五三三
世焜……一三五三三
徐榮……一三五三四
許上達等……一三五三四
郭沛霖……一三五三五
王培榮……一三五三七
朱鈞……一三五三八
錢貴陞……一三五三八
徐曾庾……一三五三八
蕭翰慶……一三五三八
黃輔相……一三五三九
福格等……一三五四一
孔昭慈……一三五四一
徐曉峯……一三五四二
袁績懋……一三五四四
楊夢巖……一三五四五
鄧子垣……一三五四五
羅萱……一三五四七
侯雲登……一三五四八
黃鼎……一三五五〇
陳源兗……一三五五三
瑞春……一三五五三
鄂爾霍巴……一三五五四
許承岳……一三五五四
潘錦芳……一三五五四
廖宗元……一三五五五

劉體舒……一三五五六
李慶福等……一三五五六
李保衡……一三五五六
徐海等……一三五五七
淡樹琪……一三五五八
褚汝航……一三五五九
陳輝龍……一三五五九
夏鑾……一三五六〇
儲玫躬……一三五六〇
李杏春……一三五六一
朱善寶……一三五六二
莊裕崧……一三五六二
萬年新……一三五六三
易舉等……一三五六三

卷四百九十一　列傳二百七十八

忠義五

王淑元……一三五六六
高延祉……一三五六六
黃爲錦……一三五六七
瑞麟……一三五六七
楊映河等……一三五六七
曹燮培……一三五六八
劉繼祖……一三五六八
翟登峨等……一三五六九
劉作肅……一三五六九
沈衍慶……一三五六九
李仁元……一三五七〇
李福培……一三五七一
王恩綬……一三五七一
李右文……一三五七三

子傑……………………一三五七四
從弟載文……………………一三五七四
李標……………………一三五七五
陳肯儀……………………一三五七六
萬成……………………一三五七六
袁祖悳……………………一三五七七
李大均……………………一三五七八
于松……………………一三五七八
尙那布……………………一三五七八
李淮……………………一三五七九
唐治……………………一三五七九
鍾普塘等……………………一三五八〇
林源恩……………………一三五八〇
唐德陞……………………一三五八二
畢大鉦……………………一三五八二
湯世銓……………………一三五八二
劉福林……………………一三五八三
謝子澄……………………一三五八三
周憲曾等……………………一三五八五
文穎……………………一三五八五
徐鳳喈等……………………一三五八六
張積功……………………一三五八六
傅士珍……………………一三五八六
瞿濬……………………一三五八七
冒芬……………………一三五八七
施作霖……………………一三五八八
韓體震……………………一三五八八
德克登額……………………一三五八九
蔣嘉穀……………………一三五八九
鄧玲筠……………………一三五九〇

承順……一三五九一
托克清阿……一三五九二
馮元吉……一三五九三
平源……一三五九四
張寶華……一三五九四
王泗……一三五九四
周來豫……一三五九四
余寶錕……一三五九四
王汝揆……一三五九五

卷四百九十二
列傳二百七十九　〔四五册〕
忠義六
齊清阿……一三五九七
童添雲……一三五九九
彭三元……一三六〇〇
蕭捷三……一三六〇二
周清元……一三六〇三
蔡應龍……一三六〇五
蕭意文……一三六〇六
周福高……一三六〇七
彭志德……一三六〇七
李存漢……一三六〇七
杜廷光等……一三六〇八
賴高翔……一三六〇八
畢定邦……一三六〇九
劉德亮……一三六一〇
陳大富……一三六一一
陳萬勝……一三六一二
郭鵬程……一三六一三
王紹羲……一三六一三

王之敬……一三六一三
陳忠德……一三六一四
劉玉林等……一三六一五
黃金友……一三六一五
麟瑞……一三六一五
蔡東祥……一三六一六
鄒上元……一三六一七
郝上庠……一三六一八
張遇祥……一三六一九
兄張遇清……一三六二〇
曹仁美……一三六二一
毛克寬……一三六二三
邢連科……一三六二三
田興奇……一三六二四
田興勝……一三六二五

馬定國……一三六二七

卷四百九十三　列傳二百八十

忠義七

張繼庚……一三六三〇
從弟張繼辛……一三六三〇
李翼棠等……一三六三〇
趙振祚……一三六三四
趙起……一三六三五
馬善……一三六三五
陳克家……一三六三六
馬釗……一三六三七
臧紆青……一三六三七
竇元灝……一三六三九
馬三俊……一三六三九
張勳……一三六四一

吳文謨……一三六四一
吳廷香……一三六四一
孫家泰……一三六四三
江圖烟……一三六四五
程葆……一三六四五
彭壽頤……一三六四五
陳介眉……一三六四六
亓祈年……一三六四七
唐守忠……一三六四七
吳山……一三六四八
俞焜……一三六四九
戴煦……一三六五〇
張洵……一三六五〇
鍾世耀……一三六五一
孫義……一三六五一
汪士驤……一三六五二
錢松……一三六五二
毛雝……一三六五二
魏謙升……一三六五二
金鼎燮……一三六五二
巴達蘭布等……一三六五三
包立身……一三六五三
王玉文……一三六五四
孫文德……一三六五五
李貴元等……一三六五五
羅正仁……一三六五六
陳起書……一三六五六
陳景滄……一三六五七
何霖……一三六五八
蹇諤……一三六五九

趙國澍……一三六六〇
宋華嵩……一三六六二
伯錫爾……一三六六三

卷四百九十四　列傳二百八十一

忠義八

姚懷祥……一三六六五
全福……一三六六六
舒恭受等……一三六六六
韋逢甲……一三六六七
長喜等……一三六六七
麥廷章……一三六六七
劉大忠等……一三六六八
韋印福……一三六六八
錢金玉等……一三六六八
龍汝元……一三六六九
樂善……一三六六九
魁霖等……一三六七〇
文豐……一三六七〇
殷明恆……一三六七一
高騰雲等……一三六七一
高善繼……一三六七二
駱佩德等……一三六七二
林永升……一三六七三
陳金揆等……一三六七三
李大本……一三六七四
于光炘等……一三六七四
黃祖蓮……一三六七四
楊壽山等……一三六七五

卷四百九十五　列傳二百八十二

忠義九

宗室奕功……一三六七七
札隆阿等……一三六七八
覺羅清廉等……一三六七八
松林……一三六七八
文炘等……一三六七八
崇壽……一三六八四
韓紹徽……一三六八四
韓培森……一三六八四
馬鍾祺……一三六八四
董瀚……一三六八五
譚昌祺……一三六八五
莊禮本……一三六八五
馮福疇……一三六八五
宮玉森……一三六八五
景善等……一三六八五
宋春華……一三六八六
馬福祿……一三六八六
楊福同……一三六八八
吳德潚……一三六八八
子仲韜……一三六八八
成肇麐……一三六八九

卷四百九十六　列傳二百八十三

忠義十

劉錫祺……一三六九二
阮榮發……一三六九三
程彬……一三六九三
桂蔭……一三六九三
存厚……一三六九三
榮濬……一三六九三
錫楨等……一三六九四

張景良……一三六九五
倭和布……一三六九五
周飛鵬……一三六九五
松興……一三六九六
松俊等……一三六九六
宗室德祜……一三六九七
彭毓嵩……一三六九七
楊調元……一三六九八
楊宜瀚……一三六九九
陳問紳……一三六九九
德銳……一三六九九
皮潤璞……一三六九九
榮麟等……一三七〇〇
張毅……一三七〇〇
喜明……一三七〇〇
阿爾精額……一三七〇一
斌恆等……一三七〇一
譚振德……一三七〇二
熊國斌……一三七〇二
陳政詩……一三七〇二
陸敍釗……一三七〇三
齊世名等……一三七〇四
羅長裿……一三七〇四
曹銘……一三七〇四
章慶……一三七〇四
徐昭益……一三七〇五
曹彬孫……一三七〇五
汪承第……一三七〇六
吳以剛……一三七〇六
陶家琦等……一三七〇六

奎榮……一三七〇六
王毓江……一三七〇七
劉駿堂……一三七〇七
鍾麟……一三七〇七
何永清……一三七〇八
沈瀛……一三七〇八
申錫綬等……一三七〇八
世增……一三七〇九
石家銘……一三七〇九
琦璘……一三七一〇
毛汝霖……一三七一〇
胡國瑞……一三七一〇
張舜琴等……一三七一一
鍾麟同……一三七一一
范鍾岳等……一三七一三
孔繁琴……一三七一二
王振畿……一三七一二
張嘉鈺……一三七一二
陳兆棠……一三七一三
馮汝楨……一三七一三
何承鑫……一三七一三
白如鏡……一三七一四
何培清……一三七一四
黃兆熊……一三七一四
張德潤……一三七一四
張振德……一三七一五
舒志……一三七一五
來秀……一三七一五
劉念慈……一三七一五
李秉鈞……一三七一五

王榮綬……一三七一六
定煊……一三七一六
長瑞……一三七一六
巴揚阿等……一三七一六
王有宏……一三七一六
何師程……一三七一七
黃凱臣……一三七一七
戚從雲……一三七一七
盛成……一三七一八
哈郎阿……一三七一八
南山……一三七一八
培秀等……一三七一八
桂城……一三七一九
延浩……一三七一九
文蔚……一三七二〇

佘世寬等……一三七二〇
高謙……一三七二〇
黃爲熊……一三七二一
文海……一三七二一
趙翰階……一三七二一
貴林……一三七二二
量海等……一三七二二
額特精額……一三七二二
文榮等……一三七二二
玉潤……一三七二三
勞謙光……一三七二三
吉陞……一三七二四
張程九……一三七二四
王文域……一三七二五
譚鳳亭等……一三七二五

張傳楷……一三七二五
孫文楷……一三七二五
王乘龍……一三七二五
趙彝鼎……一三七二六
施偉……一三七二六
李澤霖……一三七二六
胡穆林……一三七二六
更夫某……一三七二六
梁濟……一三七二六
簡純澤……一三七二七
王國維……一三七二八

卷四百九十七　列傳二百八十四

孝義一……一三七三〇
朱用純……一三七三一
吳蕃昌……一三七三一
從弟謙牧……一三七三一
沈磊……一三七三一
周靖……一三七三二
耿燿……一三七三二
弟炳……一三七三二
兄子於彝……一三七三二
耿輔……一三七三二
李景濂……一三七三三
汪灝……一三七三三
弟晨……一三七三三
日昂……一三七三三
日昇……一三七三三
黃農……一三七三三
曹亨……一三七三四
黃嘉章……一三七三四

鄭明允……一三七三四
劉宗洙……一三七三五
弟恩廣……一三七三五
恩廣子青藜……一三七三五
何復漢……一三七三五
許季覺……一三七三五
吳氏四孝子……一三七三六
雷顯宗……一三七三六
趙清……一三七三七
滎漣……一三七三七
薛文……一三七三七
弟化禮……一三七三七
曹孝童……一三七三八
丁履豫……一三七三八
鍾保……一三七三八
覺羅色爾岱……一三七三八
翁杜……一三七三九
佟良……一三七三九
克什布……一三七三九
王麟瑞……一三七三九
李盛山……一三七三九
李悃……一三七四〇
奚緝營……一三七四〇
周士晉……一三七四一
黃有則……一三七四一
王尙毅……一三七四一
胡鉠……一三七四二
李三……一三七四二
張夢維……一三七四三
樂太希……一三七四三

董盛祖……一三七四三
徐守仁……一三七四四
李鳳翙……一三七四四
卯觀成……一三七四四
葛大賓……一三七四五
呂敩孚……一三七四五
王子明……一三七四五
　馮星明……一三七四五
張元翰……一三七四六
俞鴻慶……一三七四六
姜瑢……一三七四六
湯淵……一三七四七
魏興……一三七四七
戴兆笨……一三七四七
潘周岱……一三七四八
張淮……一三七四八
　張廷標……一三七四八
胡其愛……一三七四九
　方其明……一三七四九
　鄧成珠……一三七四九
張三愛……一三七四九
楊夢益……一三七五〇
　閻天倫……一三七五〇
夏士友……一三七五〇
白長久……一三七五〇
郭味兒……一三七五一
　聶宏……一三七五一
董阿虎……一三七五一
張乞人……一三七五一
席慕孔……一三七五二

張長松……一三七五二
崔長生……一三七五二
榮孝子……一三七五二
無錫二孝子……一三七五三
啞孝子……一三七五三

卷四百九十八　列傳二百八十五

孝義二

盧必陞……一三七五六
李應麒……一三七五七
李中德……一三七五七
張文齡……一三七五七
黎安理……一三七五八
易良德……一三七五八
方立禮……一三七五九
丁世忠……一三七五九
汪良緒……一三七五九
賈錫成……一三七六〇
王長祚……一三七六〇
劉國賓……一三七六〇
曹超……一三七六一
黎興岭……一三七六一
夏汝英……一三七六一
金國選……一三七六一
張悰……一三七六一
李志善……一三七六一
弟志勃……一三七六一
彭大士……一三七六二
錢孝則……一三七六二
任遇亨……一三七六二
族子裕德……一三七六二

陸國安……一三七六三
徐守質……一三七六三
兄基……一三七六三
黃簡……一三七六三
程顧學……一三七六四
郁褒……一三七六四
姚易修……一三七六四
胡夢豸……一三七六五
賀上林……一三七六五
何士閎……一三七六五
陳嘉謨……一三七六六
林長貴……一三七六六
弟長廣……一三七六六
戚弢言……一三七六六
李敬躋……一三七六七
張大觀……一三七六七
楊璞……一三七六七
蔡應泰……一三七六八
張士仁……一三七六八
潘瑁……一三七六八
劉希向……一三七六八
沈嗣綬……一三七六九
謝君澤……一三七六九
馮福基……一三七六九
黃向堅……一三七七〇
顧廷琦……一三七七〇
李澄……一三七七〇
劉獻煜……一三七七一
錢美恭……一三七七一
趙萬全……一三七七一

劉龍光……一三七二
李芳煤……一三七二
唐肇虞……一三七二
繆士毅……一三七三
子秉文……一三七三
陸承祺……一三七三
弟承祚……一三七三
汪龍……一三七四
方如珽……一三七四
張燾……一三七四
朱壽命……一三七五
潘天成……一三七五
翁運槐……一三七六
弟運標……一三七六
楊士選……一三七七
徐大中……一三七七
沈仁業……一三七八
魏樹德……一三七八
李汝恢……一三七八
鄭立本……一三七九
李學侗……一三七九
董士元……一三八〇
李復新……一三八〇
黨國虎……一三八一
嚴廷瓚……一三八一
陸起鵾……一三八一
弟起鵬……一三八一
虞爾忘……一三八二
弟爾雪……一三八二
黃洪元……一三八三

弟福元……一三七八三
顏中和……一三七八三
顏鼇……一三七八三
王恩榮……一三七八四
楊獻恆……一三七八五
任騎馬……一三七八五
李巨勳……一三七八六
任四……一三七八六
王國林……一三七八七
藍忠……一三七八七

卷四百九十九　列傳二百八十六

孝義三

岳薦……一三七九〇
張厥……一三七九〇
黃學朱……一三七九〇
吳伯宗……一三七九〇
錢天潤……一三七九一
蕭良昌……一三七九一
李九……一三七九二
張某……一三七九二
程含光……一三七九二
陳福……一三七九三
譙衿……一三七九三
黃成富……一三七九三
李長茂……一三七九三
任天篤……一三七九三
趙一桂……一三七九四
黃調鼎……一三七九五
楊藝……一三七九五
戚默……一三七九六

李晉福……一三七九六
胡端友……一三七九七
朱永慶……一三七九七
王某……一三七九七
張瑛……一三七九八
郭氏僕……一三七九八
胡穆孟……一三七九九
苑亮……一三七九九
楊越……一三八〇〇
子賓……一三八〇〇
吳鴻錫……一三八〇一
韓瑜……一三八〇二
程增……一三八〇三
李應卜……一三八〇三
塞勒……一三八〇四
王聯……一三八〇四
黎侗……一三八〇五
李秉道……一三八〇五
趙瓏……一三八〇五
蔣堅……一三八〇六
李林孫……一三八〇七
高大鎬……一三八〇七
許所望……一三八〇八
邢清源……一三八〇九
王元……一三八〇九
鳳瑞……一三八〇九
方元衡……一三八一〇
葉成忠……一三八一一
楊斯盛……一三八一三
武訓……一三八一三

呂潾珠……一三八一三

卷五百　列傳二百八十七

遺逸一……一三八一五
李清……一三八一六
李楧……一三八一七
梁以樟……一三八一八
王世德……一三八二〇
閻爾梅……一三八二〇
萬壽祺……一三八二一
鄭與僑……一三八二三
曹元方……一三八二三
莊元辰……一三八二四
王玉藻……一三八二六
李長祥……一三八二七
王正中……一三八二八
董守諭……一三八二九
陸宇燝……一三八三〇
弟宇𤎆……一三八三一
江漢……一三八三三
方以智……一三八三三
子中德等……一三八三三
錢澄之……一三八三四
惲日初……一三八三四
郭金臺……一三八三六
朱之瑜……一三八三七
沈光文……一三八三八
陳士京……一三八三九
吳祖錫……一三八四〇

卷五百一　列傳二百八十八

遺逸二

李孔昭……一三八四三
單者昌……一三八四四
崔周田……一三八四四
劉繼寧……一三八四四
劉永錫……一三八四五
彭之燦……一三八四六
徐枋……一三八四六
戴易……一三八四八
李天植……一三八四八
理洪儲……一三八四九
顧柔謙……一三八四九
子祖禹……一三八五〇
冒襄……一三八五一
陳貞慧……一三八五一
祁班孫……一三八五三
兄理孫……一三八五三
汪渢……一三八五三
余增遠……一三八五四
周齊曾……一三八五四
傅山……一三八五五
子眉……一三八五六
費密……一三八五六
王弘撰……一三八五八
杜濬……一三八五九
弟岕……一三八五九
郭都賢……一三八六〇
陶汝鼐……一三八六一
李世熊……一三八六一
談遷……一三八六三

卷五百二

列傳二百八十九　〔四六冊〕

藝術一……一三八六五
吳有性……一三八六六
戴天章……一三八六七
余霖……一三八六七
劉奎……一三八六七
喻昌……一三八六八
徐彬……一三八六九
張璐……一三八六九
高斗魁……一三八七〇
周學海……一三八七〇
張志聰……一三八七一
高世栻……一三八七二
張錫駒……一三八七二
陳念祖……一三八七二
黃元御……一三八七三
柯琴……一三八七三
尤怡……一三八七四
葉桂……一三八七五
薛雪……一三八七六
吳瑭……一三八七六
章楠……一三八七六
王士雄……一三八七六
徐大椿……一三八七七
王維德……一三八七九
吳謙林瀾等……一三八七九
綽爾濟……一三八八〇
伊桑阿……一三八八〇
張朝魁……一三八八一
陸懋修……一三八八一

卷五百三　列傳二百九十

藝術二

卷五百四　列傳二百九十一

藝術三

原祁曾孫宸　一三九〇一
陳洪綬　一三九〇一
崔子忠　一三九〇二
禹之鼎　一三九〇二
余集　一三九〇二
改琦　一三九〇三
費丹旭　一三九〇三
釋道濟　一三九〇三
髡殘　一三九〇三
朱耷　一三九〇三
弘仁上睿　一三九〇四
王翬　一三九〇四
吳歷　一三九〇五
楊晉　一三九〇五
黃鼎　一三九〇五
方士庶　一三九〇五
惲格　一三九〇六
馬元馭　一三九〇六
王武　一三九〇七
沈銓　一三九〇七
龔賢　一三九〇七
趙左　一三九〇七
項聖謨　一三九〇八
查士標　一三九〇八
高其佩　一三九〇九
李世倬　一三九〇九
朱倫瀚　一三九〇九
張鵬翀　一三九一〇
唐岱　一三九一一
焦秉貞　一三九一一

郎世寧……一三九一三
張宗蒼……一三九一三
余省……一三九一三
金廷標……一三九一三
丁觀鵬……一三九一三
繆炳泰……一三九一三
華嵒……一三九一三
高鳳翰……一三九一四
鄭燮……一三九一四
金農……一三九一四
羅聘……一三九一五
奚岡……一三九一五
錢杜……一三九一五
方薰……一三九一五
王學浩……一三九一六
黃均……一三九一六

卷五百五　列傳二百九十二

藝術四

王來咸……一三九一九
褚士寶……一三九二〇
馮行貞……一三九二一
甘鳳池……一三九二一
曹竹齋……一三九二三
潘佩言……一三九二三
江之桐……一三九二四
梁九……一三九二四
張漣……一三九二五
葉陶……一三九二五
劉源……一三九二六
唐英……一三九二六

戴梓……一三九二七
丁守存……一三九二八
徐壽……一三九二九
子建寅……一三九三〇
華封……一三九三一
卷五百六　列傳二百九十三
疇人一……一三九三三
薛鳳祚……一三九三四
杜知耕……一三九三四
龔士燕……一三九三五
王錫闡……一三九三七
潘檉樟……一三九四二
方中通……一三九四三
揭暄……一三九四四
梅文鼎……一三九四四
子以燕……一三九五五
孫瑴成……一三九五五
曾孫鈁……一三九五九
從弟文鼐……一三九六〇
弟文鼏……一三九六〇
明安圖……一三九六一
子新……一三九六四
陳際新……一三九六四
張肱……一三九六四
劉湘煃……一三九六四
王元啓……一三九六五
朱鴻……一三九六八
博啓……一三九六八
許如蘭……一三九七〇
卷五百七　列傳二百九十四

疇人二
李潢……一三九七三
汪萊……一三九七六
陳杰……一三九七九
丁兆慶……一三九八一
張福僖……一三九八一
時日淳……一三九八一
李銳……一三九八二
黎應南……一三九八六
駱騰鳳……一三九八七
項名達……一三九八八
王大有……一三九九〇
丁取忠……一三九九〇
李錫蕃……一三九九一
謝家禾……一三九九一
吳嘉善……一三九九三
羅士琳……一三九九四
易之瀚……一三九九八
顧觀光……一三九九八
韓應陛……一四〇〇一
左潛……一四〇〇三
曾紀鴻……一四〇〇四
夏鸞翔……一四〇〇五
鄒伯奇……一四〇〇七
李善蘭……一四〇一一
華衡芳……一四〇一三
弟世芳……一四〇一六
卷五百八　列傳二百九十五
列女一……一四〇一七
田緒宗妻張……一四〇二〇

嵇永仁妻楊……一四〇二二
妻蘇……一四〇二三
張英妻姚……一四〇二三
蔡璧妻黃……一四〇二三
子世遠妻劉……一四〇二三
尹公弼妻李……一四〇二三
錢綸光妻陳……一四〇二三
胡彌禪妻潘……一四〇二四
張棠妻金……一四〇二四
洪翹妻蔣……一四〇二五
張蟾賓妻姜……一四〇二五
施曾錫妻金……一四〇二六
廷璐妻惲……一四〇二六
汪楷妻王……一四〇二七
妾徐……一四〇二七
馮智懋妻謝……一四〇二七
鄭文清妻黎……一四〇二八
程世雄妻萬……一四〇二八
高學山妻王……一四〇二九
王氏女……一四〇二九
張天相女……一四〇二九
周氏女……一四〇二九
王孜女……一四〇二九
繆湝妻蔡……一四〇三〇
濮氏女……一四〇三〇
李氏女……一四〇三一
來氏二女……一四〇三一
曾尚增女……一四〇三二
王氏女……一四〇三二
呂氏女……一四〇三三

佘長安女……一四〇三三
王法夔女……一四〇三三
武仁女……一四〇三三
唐氏女……一四〇三三
張桐女……一四〇三三
汪儼聘妻周……一四〇三三
劉氏女……一四〇三三
吳某聘妻周……一四〇三三
李薦一聘妻曾……一四〇三四
袁斯鳳女……一四〇三四
丁氏女……一四〇三四
朱棫之女……一四〇三五
杜仲梅女……一四〇三五
方氏二女……一四〇三五
劉可求女……一四〇三五
楊泰初女……一四〇三五
孫承沂女……一四〇三五
趙承穀聘妻丁……一四〇三五
彭爵麒女……一四〇三六
陳寶廉女……一四〇三六
吳士仁女……一四〇三六
王濟源女……一四〇三六
董桂林女……一四〇三七
耿恂女……一四〇三七
吳芬女……一四〇三七
邵氏二女……一四〇三七
蔣遂良女……一四〇三八
徐氏二女……一四〇三八
李鴻普妻郭……一四〇三八
牛輔世妻張……一四〇三八

高位妻段……一四三八
鄭光春妻葉……一四三九
子文炳妻吳……一四三九
屈崇山妻劉……一四三九
謝以炳妻路……一四四〇
弟仲秀妻鄭……一四四〇
季純妻吳……一四四〇
王鉅妻施……一四四〇
陳文世妻劉……一四四〇
張守仁妻梁……一四四一
韓守立妻俞……一四四一
路和生妻吳……一四四一
諸君祿妻唐……一四四一
牛允度妻張……一四四一
游應標妻蕭……一四四二
蔣廣居妻伍……一四四二
周學臣妻柳……一四四二
王德駿妻盛……一四四二
張茂信妻方……一四四二
林經妻陳……一四四二
張德隣妻李……一四四三
武烈妻趙……一四四三
孫朗人妻吳……一四四三
李天挺妻申……一四四三
劉與齊妻魏……一四四三
周志桂妻馮……一四四三
歐陽玉光妻蔡……一四四四
子惟本妻蔡……一四四四
蕭學華妻賀……一四四四
張友儀妻陳……一四四五

馮氏……一四〇四五
王鉞妻隋……一四〇四五
林雲銘妻蔡……一四〇四六
陳龍妻胡……一四〇四六
王懃妻岳……一四〇四七
魯宗鎬妻朱……一四〇四七
馬叔籲妻丁……一四〇四七
許光清妻陳……一四〇四八
黃開鼇妻廖……一四〇四八
黃茂梧妻顧……一四〇四九
高其倬妻蔡……一四〇五〇
陳之遴妻徐……一四〇五〇
詹枚妻王……一四〇五〇
柯蘅妻李……一四〇五一
艾紫東妻徐……一四〇五一
郝懿行妻王……一四〇五一
汪遠孫妻梁……一四〇五二
陳裴之妻汪……一四〇五二
汪延澤妻趙……一四〇五三
吳廷鉁妻張……一四〇五四
張氏諸妹 章政平妻等……一四〇五四
程鼎調妻汪……一四〇五四
陳瑞妻繆……一四〇五四
馬某妻阮……一四〇五五
富樂賀妻王……一四〇五五
仁興妻瓜爾佳氏……一四〇五五
耀州三婦……一四〇五五
杉松鄄卒婦……一四〇五五
楊芳妻龍……一四〇五五
崔龍見妻錢……一四〇五七

沈葆楨妻林……一四〇五七
王某妻陳……一四〇五八
李某妻趙……一四〇五八
羅傑妻陳……一四〇五九
楊某妻唐……一四〇五九
姚旺妻潘……一四〇五九
蓋氏……一四〇五九

卷五百九　列傳二百九十六

列女二

張廷祚妻蔡……一四〇六三
陳時夏妻田……一四〇六四
傅光箕妻吳……一四〇六五
鄭哲飛妻朱……一四〇六五
李若金女……一四〇六五
王師課妻朱……一四〇六六
秦甲祜妻劉……一四〇六六
艾懷元妻姜……一四〇六六
周子寬妻黃……一四〇六七
李有成妻王……一四〇六八
楊方勖妻劉……一四〇六八
鄒近泗妻邢……一四〇六八
胡源渤妻董……一四〇六八
林國奎妻鄭……一四〇六八
陳仁道妻龐……一四〇六九
張某妻秦……一四〇六九
李氏女……一四〇六九
何某妻韓……一四〇七〇
張榮妻吳……一四〇七〇
張萬寶妻李……一四〇七〇
沈學顏妻尤……一四〇七〇

王賜紱妻時……一四〇七一
王某妻張……一四〇七一
子曰琦妻魏……一四〇七一
李學詩妻趙……一四〇七一
學書妻高……一四〇七一
高明妻劉……一四〇七一
鄭汝明妻劉……一四〇七二
魏國棟妻龐……一四〇七二
呂才智妻王……一四〇七二
許爾臣妻駱……一四〇七三
原某妻馬……一四〇七三
張揚名妻彭……一四〇七三
沈萬裕妻王……一四〇七三
盧廷華妻沈……一四〇七四
李豁然妻楊……一四〇七四
曾經佑妻林……一四〇七四
梁曇妻李……一四〇七四
姜吉生妻木……一四〇七五
曹某妻王……一四〇七五
潘思周妻傅……一四〇七五
倪存謨妾方朱……一四〇七五
楊震甲妻楊……一四〇七六
楊三德妻馬……一四〇七六
張壺裝妻牛……一四〇七六
陳大成妻林……一四〇七六
溫德珠妻李……一四〇七六
賈國林妻韓……一四〇七七
孫雲襆妻白……一四〇七七
圖幹恰納妻王依氏……一四〇七七
吳先榜妻鄭……一四〇七八

王元龍妻李　一四〇七八
蔡庚妻吳　一四〇七八
韓某妻馬　一四〇七九
李鳴鑾妻黃　一四〇七九
金光炳妻倪　一四〇七九
徐嘉賢妻劉　一四〇八〇
冒樹楷妻周　一四〇八〇
曾廣厔妻劉　一四〇八〇
馮丙烘妻俞　一四〇八一
袁績懋妻左　一四〇八一
子學昌妻曾　一四〇八一
俞振鸞妻傅　一四〇八一
周懷伯妻邊　一四〇八一
吉山妻瓜爾佳氏　一四〇八二
張某妻錢　一四〇八二
戚成勳妻廖　一四〇八二
曾惟庸妻譚　一四〇八三
謝萬程妻李　一四〇八三
李殿機妻王　一四〇八四
長清婦　一四〇八五
程允元妻劉　一四〇八五
楊某妻樊　一四〇八六
劉杜兒妻魯　一四〇八六
李國郎妻蘇　一四〇八七
趙維石妻張　一四〇八七
鍾某聘妻吳　一四〇八八
岳氏　一四〇八八
姚氏　一四〇八八
張氏　一四〇八八
袁氏　一四〇八九

楊某妻張……一四〇八九
周士英聘妻張……一四〇八九
藺壯聘妻宋……一四〇九〇
沈煜聘妻陳……一四〇九〇
王國隆聘妻佘……一四〇九〇
于天祥聘妻王……一四〇九一
方禮祕聘妻范……一四〇九一
姚世治聘妻陳……一四〇九二
何秉儀聘妻劉……一四〇九二
沈之鑫聘妻唐……一四〇九二
貝勒弘曔聘妻富察氏……一四〇九三
濰上女子……一四〇九三
吳某聘妻林……一四〇九三
雷廷外聘妻侯……一四〇九三
程樹聘妻宋……一四〇九四

張氏子聘妻姜……一四〇九四
錢氏子聘妻王……一四〇九四
王志曾聘妻張……一四〇九四
李家勳聘妻楊……一四〇九五
李家駒聘妻朱……一四〇九五
賈汝愈聘妻盧……一四〇九六
袁進舉聘妻某……一四〇九六
李應宗聘妻李……一四〇九七
何其仁聘妻李……一四〇九七
王前洛聘妻林……一四〇九七
節義縣主……一四〇九八
李承宗聘妻何……一四〇九八
吳某聘妻朱……一四〇九八
徐文經聘妻姚……一四〇九八
李煜聘妻蕭……一四〇九九

劉戊兒聘妻王……一四〇九九
朱某聘妻李……一四一〇〇
武稌聘妻李……一四一〇〇
陳霞池聘妻錢……一四一〇一
汪榮泰聘妻唐……一四一〇一
季斌敏聘妻藺……一四一〇一
董福慶聘妻馮……一四一〇二
喬湧濤聘妻方……一四一〇二
張氏女……一四一〇二
粉姐……一四一〇二
闞氏女……一四一〇三
趙氏婢……一四一〇三
卷五百十　列傳二百九十七
列女三
韋守宜妻梁……一四一〇八
歸昭妻陸……一四一〇八
昭弟繼登妻張……一四一〇八
羅仁美妻李……一四一〇九
仁美弟妻劉
妾梅李等……一四一〇九
錢應式女……一四一〇九
王氏三女……一四一〇九
沈華區妻潘……一四一一〇
陳某妻伍……一四一一〇
孫諤妻顧等……一四一一〇
洪志達妻葉……一四一一〇
羅章袞妻杜……一四一一一
章袞從子羣聘妻田等……一四一一一
王磐千妻顏……一四一一一
何大封妻阮……一四一一一

方希文妻項……一四二二
廖愈達妻李……一四二二
妾汪張……一四二二
葉芊妻謝……一四二二
姚文瓀妻劉……一四二三
毛翼順妻陳……一四二三
王三接妻黃……一四二三
劉琰妻邢……一四二三
王躋聖妻韓等……一四二三
程顯妻朱……一四二三
劉元鏜妻吳妾朱等……一四二四
應氏婦……一四二四
平陽婦……一四二四
殷壯猷妻李……一四二四
楊昌文妻袁……一四二五

諶日昇妻陳……一四二五
陳某妻萬……一四二五
林應雒妻莫……一四二五
梁學謙女……一四二五
吳師讓妻某……一四二五
黃某妻李……一四二五
文秉世妻梁……一四二五
文氏女……一四二六
文樞妻陸……一四二六
何氏女……一四二六
王氏三女……一四二六
陳心俊妻馬……一四二六
郭俊清女……一四二六
張問行妻楊……一四二六
張聯標妾傅……一四二六

林乾妻程……一四二一七
楊應鶚妾佟……一四二一七
黃居中妻吳……一四二一七
胡守謙妻黃……一四二一七
沈棠妻俞……一四二一八
陳得棟妻蔣等……一四二一八
汪二蛟母徐……一四二一八
妻戴……一四二一八
劉章壽妻徐……一四二一八
黃嘉文妻蔡……一四二一九
徐明英妻吳……一四二一九
長清嶺烈婦……一四二一九
韓昌有妻李……一四二二〇
馬雄鎭妻李……一四二二〇
妾顧等……一四二二一
沈瑞妻鄭……一四二二一
傅璇妻黃……一四二二一
劉崐妻張……一四二二一
妾吳及二女……一四二二一
楊天階妻闞及二女……一四二二二
烏蒙女……一四二二二
劉亨基女……一四二二二
滕士學妻滿……一四二二二
向宗榜妻滕……一四二二二
滕作賢妻楊……一四二二二
滕家萬妻黃……一四二二二
高村婦……一四二二二
陳世章妻朱……一四二二二
薛中傑女……一四二二二
傅瑛妻周……一四二二二

任寨邨二十烈女……一四二二四
王自正妻馬……一四二二四
強逢泰妻徐……一四二二五
方振聲妻張……一四二二五
陳玉威妻唐……一四二二五
寶豐二婦……一四二二五
戴鈞衡妻李……一四二二五
妻劉……一四二二五
陳吉麟妻周……一四二二六
凌傳經妻楊……一四二二六
秦耀曾妻畢……一四二二六
曹士鶴妻管……一四二二六
謝石全妻廖……一四二二七
曾石泰妻黃……一四二二七
葉金題母胡……一四二二七

繆勝雲妻黃……一四二二七
石時稔聘妻劉……一四二二七
章瑤圃女……一四二二八
戴可恆妻朱……一四二二八
金福曾妻李……一四二二八
張福海妻姚……一四二二九
邵順年妻伊……一四二二九
順年弟順國妻劉……一四二二九
陳某聘妻酆……一四二二九
胡金題妻俞……一四二二九
王氏女……一四二三〇
鄭德高妻阮……一四二三〇
方其蓮妻阮……一四二三〇
周小梅妻湯……一四二三〇
楊某妻沈……一四二三一

周世棣妻胡……一四一三一
蔡以瑩妻曹……一四一三一
妻馬……一四一三一
王永喜妻盧……一四一三一
劉崇鼎母張……一四一三一
武昌女子……一四一三一
滄州女子……一四一三一
費某妻吳……一四一三一
冷煜瀛妻盧……一四一三一
陳兆吉妻佘……一四一三四
蔡法度妻簡……一四一三四
張守一女……一四一三四
王占元妻楊……一四一三四
王秉堃女……一四一三四
魏克明女……一四一三四
劉慶耀妻廖……一四一三五
陽歐維元妻曹……一四一三五
李盤龍妻鄧等……一四一三五
黃氏女……一四一三五
程氏女……一四一三六
韓肖朱妻郗……一四一三六
張醴仁妻王……一四一三六
許氏女……一四一三六
李氏女……一四一三六
楊某妻吳……一四一三七
康創業妻邸……一四一三七
李鴻業妻邸……一四一三七
王書雲妻谷……一四一三七
王有周妻楊……一四一三七
子漢連妻張……一四一三七

漢元妻李……一四三七
漢科妻李等……一四三七
張金鑄妻段……一四三八
王氏二女……一四三八
馬安娃妻趙……一四三八
王之綱妻李……一四三八
穆氏女……一四三九
張某妻蔡……一四三九
程丁兒妻黃……一四三九
張氏女……一四三九
趙貴賜妻任……一四三九
楊貴陞妻劉……一四三九
多寶聘妻宗室氏……一四四〇
子英綸妻鄂卓爾氏……一四四〇
公額布妻……一四四〇

音德布女……一四四〇
良奎妻……一四四〇
連惠妻……一四四一
根瑞妻……一四四一
松文母吳……一四四一
姚叶敏妻耿……一四四二
陳某妻殷……一四四二
黃晞妻周……一四四二
鄒延玠妻吳……一四四三
陳生輝妻侯……一四四四
田一朋妻劉……一四四四
蔣世珍妻劉……一四四四
王有章妻羅……一四四五
有章妹……一四四五
樓文貴妻盧……一四四五

沙木哈妻……一四一四五
鄭榮組妻徐……一四一四六
張翼妻戴……一四一四六
詹允迪妻吳……一四一四六
蔡以位妻孫……一四一四七
楊春芳妻王……一四一四七
　王尊德妾唐……一四一四七
竇鴻妾郝……一四一四七
章學閔妻董……一四一四七
杜聶齊妻何……一四一四八
　張氏婦……一四一四八
寧化二婦……一四一四八
卷五百十一　列傳二百九十八
列女四
長山鋪烈婦……一四一五二
胡二妻……一四一五二
唐之坦妻曹……一四一五三
　李岸妻焦……一四一五三
方引禛妻毛……一四一五三
林其標妻韓……一四一五四
馮雲勳妻李……一四一五四
曹邦傑妻張……一四一五四
林守仁妻王……一四一五五
張四維妻劉……一四一五五
李長華妾吳……一四一五六
周兆農妻王……一四一五六
陳國材妻周……一四一五六
　吳廷望聘妻池……一四一五七
　李正榮聘妻霍……一四一五七
項起鵠妻程……一四一五七

于某妻蔡……一四一五七
張義妻李……一四一五八
黃敬升妻王……一四一五八
伊嵩阿妻鈕祜祿氏……一四一五九
張廷柱妻章……一四一五九
郝某妻單……一四一六〇
陳廣美妻李……一四一六〇
賀邦達妻陸……一四一六一
鄭宗墩妻陳……一四一六一
任有成妻陳……一四一六一
丁三郎妻……一四一六二
丁采芹妻孫……一四一六二
王如義妻向……一四一六二
狄聽妻王……一四一六三
林邦基妻曾……一四一六三

錢瀞甫妻汪……一四一六三
謝作棟妻王……一四一六三
繆文郁妻邱……一四一六四
黃壽椿妻管……一四一六四
馮桂增妾李……一四一六五
黃翥先妾彭……一四一六五
方恮妻趙……一四一六五
姚森桂妻宋……一四一六五
惲毓華妻莊……一四一六六
弟毓德妻許……一四一六六
姪寶元妻袁……一四一六六
曲承麟妻袁……一四一六六
尹春妻張……一四一六六
李氏……一四一六六
陳三義妻王……一四一六六

游開科妻趙……一四一六七
孫崇業妻金……一四一六七
張某妻田……一四一六七
張氏女……一四一六七
湯氏女……一四一六七
滄州女……一四一六八
張氏……一四一六八
孫大成妻裔……一四一六八
楊某聘妻章……一四一六八
孟黑子妻苑……一四一六九
北塘女……一四一六九
藍某妻……一四一六九
芮氏女……一四一六九
欒某妻左……一四一六九
蕭氏……一四一六九
黃氏女……一四一六九
吳氏女……一四一六九
顧氏……一四一七〇
張氏……一四一七〇
許會妻張……一四一七一
趙海玉妻任……一四一七一
殷氏……一四一七一
嘉興女……一四一七一
王某妻李……一四一七三
何先佑妻孫……一四一七三
邢氏……一四一七三
遷安婦……一四一七三
白鎔妻尹……一四一七三
林氏……一四一七三
洪某妻徐……一四一七四

敖氏……一四一七四
涂氏……一四一七四
吳氏……一四一七四
楊氏……一四一七五
趙氏……一四一七五
王氏許氏……一四一七五
梅氏……一四一七五
張氏……一四一七六
秦某妻崔……一四一七六
李某妻管……一四一七六
王某妻徐……一四一七六
陳潛聘妻崔……一四一七六
朱承宇妻曹……一四一七七
陳有量妻海……一四一七七
樊廷柱妻張……一四一七八

李有恆聘妻楊……一四一七九
陳某妻……一四一七九
劉埜妻李……一四一七九
曲氏女……一四一七九
宋氏五烈女……一四一八〇
龔行妻謝……一四一八〇
女巧……一四一八〇
楊文龍聘妻孫……一四一八〇
梁至良妻鄭……一四一八一
郭進昌妻李……一四一八一
龔良翰妻陳……一四一八一
王均妻湯……一四一八二
李氏女……一四一八二
翠金……一四一八三
張元尹妻李……一四一八三

張檢妻顏……………………一四一八三
萬某妻曾……………………一四一八三
　李繼先妻侯………………一四一八四
田氏女………………………一四一八四
馬某聘妻苗…………………一四一八四
高日勇妻楊…………………一四一八四
　羅季兒妻…………………一四一八五
劉氏女………………………一四一八五
鍾某妻蔡……………………一四一八五
段舉妻盧……………………一四一八六
王某妻劉……………………一四一八六
張良善妻王…………………一四一八六
李青照妻張…………………一四一八七
姚際春女……………………一四一八七
王敦義妻張…………………一四一八八
陳維章妻陸…………………一四一八八
何氏女………………………一四一八八
謝亞煥妻王…………………一四一八九
張樹功妻吳…………………一四一八九
郭某妻李……………………一四一九〇
趙謙妻王……………………一四一九〇
郭氏女………………………一四一九〇
　何氏女……………………一四一九〇
　沈鼎猷妻嚴………………一四一九〇
　鐵山婦……………………一四一九〇
汪氏女………………………一四一九〇
　賀氏女……………………一四一九〇
　馮光琦女…………………一四一九一
　郭君甫妻吳………………一四一九一
黃聲諧妻王…………………一四一九一

徐惟原妻許……一四一九一
柯叔明妻鞏……一四一九一
胡某妻裘……一四一九一
陳儒先妻李……一四一九一
白洋女……一四一九一
高氏婦……一四一九二
段吳考女……一四一九二
曹氏女……一四一九二
劉廷斌女……一四一九三
張氏女……一四一九三
孫嫗……一四一九三
陳氏婢……一四一九三
邱氏婢……一四一九四
董氏……一四一九四
任氏……一四一九四

盧尙義妻梁……一四一九五
白氏……一四一九五
王氏……一四一九五
秦士楚妻洪……一四一九六
張氏婢……一四一九六
楊氏婢……一四一九六
江貴壽妻王……一四一九七
張祿妻徐……一四一九七
任氏婢……一四一九七
鄭氏女……一四一九七
王氏婢……一四一九八
徐氏女……一四一九八
丁香……一四一九八
江金姑……一四一九八
羅氏……一四一九八

隴聯嵩妻祿……一四二九九
者架聘妻直額……一四二九九
羅廷勝妻馬……一四二九九
羅朝彥妻劉……一四二九九
安于磐妻朱……一四二九九
後妻田……一四二九九
田養民妻楊……一四二九九
李任妻矣……一四三〇〇
鄂對妻熱依木……一四三〇〇
索諾木榮宗母麥麥吉……一四三〇一
堅參達結妻喇章
次妻夭夭……一四三〇一
沙氏女……一四三〇一
嘉義番婦……一四三〇一
施世燿妻苗……一四三〇一
卷五百十二　列傳二百九十九　〔四七册〕
土司一
湖廣……一四二〇三
卷五百十三　列傳三百
土司二
四川……一四二二七
卷五百十四　列傳三百一
土司三
雲南……一四二五五
卷五百十五　列傳三百二
土司四
貴州……一四二六九
卷五百十六　列傳三百三
土司五

廣西……一四二九三
卷五百十七　列傳三百四
土司六
甘肅……一四三〇三
卷五百十八　列傳三百五
藩部一……一四三一九
科爾沁……一四三二〇
扎賚特……一四三二七
杜爾伯特……一四三二八
郭爾羅斯……一四三二九
喀喇沁……一四三三〇
土默特……一四三三三
卷五百十九　列傳三百六
藩部二
敖漢……一四三三七
柰曼……一四三四〇
巴林……一四三四一
扎嚕特……一四三四三
阿嚕科爾沁……一四三四六
翁牛特……一四三四八
克什克騰……一四三五〇
喀爾喀左翼……一四三五一
烏珠穆沁……一四三五三
浩齊特……一四三五五
蘇尼特……一四三五六
阿巴噶……一四三五九
阿巴哈納爾……一四三六一
卷五百二十　列傳三百七
藩部三
四子部落……一四三六三

茂明安……一四三六六
喀爾喀右翼……一四三六七
烏喇特……一四三六九
鄂爾多斯……一四三七二
阿拉善……一四三七九
額濟訥……一四三九二
卷五百二十一　列傳三百八
藩部四
喀爾喀土謝圖汗部……一四三九五
喀爾喀車臣汗部……一四四一六
喀爾喀賽因諾顏部……一四四二三
喀爾喀扎薩克圖汗部……一四四三四
卷五百二十二　列傳三百九
藩部五
青海額魯特……一四四四三
卷五百二十三
列傳三百十　〔四八册〕
藩部六
杜爾伯特……一四四七三
舊土爾扈特……一四四九四
新土爾扈特……一四五〇〇
和碩特……一四五〇三
卷五百二十四　列傳三百十一
藩部七
唐努烏梁海……一四五一一
阿爾泰烏梁海……一四五一八
阿爾泰淖爾烏梁海……一四五二六
卷五百二十五　列傳三百十二
藩部八
西藏……一四五二九

卷五百二十六 列傳三百十三
屬國一……一四五七五
朝鮮……一四五七六
琉球……一四六一六
卷五百二十七 列傳三百十四
屬國二
越南……一四六二七
卷五百二十八 列傳三百十五
屬國三
緬甸……一四六六一
暹羅……一四六九〇
南掌……一四六九九
蘇祿……一四七〇三
卷五百二十九 列傳三百十六
屬國四
廓爾喀……一四七〇五
浩罕……一四七一三
布魯特……一四七一六
哈薩克……一四七一九
安集延……一四七二〇
瑪爾噶朗……一四七二〇
那木干……一四七二〇
塔什干……一四七二〇
巴達克山……一四七二一
博羅爾……一四七二三
阿富汗……一四七二三
坎巨提……一四七二六